失衡与再平衡

——中国新闻网站上市现象研究

Imbalancing and Rebalancing：
Study on the IPO Phenomenon of Chinese News Websites

邓 为 ◎著

人民出版社

目　录

失衡与再平衡——中国新闻网站上市现象研究

序言：中国媒体的鲜活实践值得我们关注与思考

秦志希

2012年，邓为考入武汉大学新闻与传播学院攻读博士。由于她长期在新闻宣传和宏观管理第一线工作，对新闻实践领域较为熟悉，对新闻管理政策也比较了解。因此，我希望她能结合工作实践进行理论思考。

四年寒暑，她默默地加倍付出，如饥似渴地读书，很辛苦地兼顾了工作与学习。而且，她能紧扣工作中遇到的新情况新问题去思考去研究，又能将博士课程系统学习中的收获，很好地运用到工作中。每每与她探讨问题，我总能感到思想火花的闪烁。这篇论文，我眼见她一改再改，十易其稿，终于按期完成学业，今天能够付梓出版，我表示衷心的祝贺。

业界的困惑是值得研究的真问题。从现实意义看，中国传媒业正处在深刻变革中，其中，国有省级媒体的市场化改革是极具代表性的案例。在我国，新闻网站被视为主流媒体，兼具组织传播工具与大众传播工具双重角色。新闻网站如何既遵循市场规律以求生存和发展、又超越市场规律去承载权力和义务，是当下值得关注和思考的问题。

邓为敏锐地观察到近年来新闻网站积极上市的现象，选取湖北省在新三板挂牌上市的首家省级国有新闻网站——荆楚网作为研究个案，通过深度访谈、问卷调查、参与式观察等多种方式，对上市后新闻网站的新闻生产现状作了大量的实地调研，掌握了很多鲜活的第一手资料，并旗帜鲜明地提出，应充分发挥我国政府在媒体治理中的独特政治优势，探索具有中国特色的媒体政策，实现媒介治理的动态平衡。这一思考，无疑是有意义、有新意的。

《社会学的想像力（第二版）》一书提出"不要仅仅沉迷于一个又一个的小情境研究，要关注将各种情境组织起来的社会结构"[1]，"不要仅仅将细微的研究嵌入到刀锋般细屑且静态的时刻，而应该将时间跨度扩展到人类历史的发展过程"[2]。此书作为学术研究，能够将荆楚网这一个案放置于媒介场、经济场与政治场共同作用的视角下，思考国家政策演进与新闻网站市场化之间的勾连，探索中国媒体在市场化进程中，如何兼顾公共利益，既遵循市场规律以求生存和发展，又超越市场规律去承载权力和义务。书中的很多研究发现，给正在探索的业界很多启迪。

媒介与我们每个人的生活息息相关，上至国家领导，下至平凡百姓，都希望传媒能够成为真正的精神家园。我相信，会有更多学界、业界的同志们来关注互联网时代中国媒体的鲜活

① ［美］赖特·米尔斯：《社会学的想像力（第二版）》，陈强、张永强译，生活·读书·新知三联书店2005年版，第244页。
② ［美］赖特·米尔斯：《社会学的想像力（第二版）》，陈强、张永强译，生活·读书·新知三联书店2005年版，第244页。

实践，为负重前行的中国媒体人鼓劲加油，为中国新闻事业的发展献计献策！

（作者为武汉大学新闻与传播学院教授、博士生导师）

序言：中国媒体的鲜活实践值得我们关注与思考

第一章 绪 论

第一节 研究缘起

经过30多年的改革开放，传媒具有意识形态和产业的双重属性，已经成为大多数中国传媒人的共识。有别于传统媒体只允许分拆出经营业务上市，新闻网站是将新闻信息采编与媒介经营打包在一起整体上市的，客观上已经推倒了"国家"与"教堂"之间的围墙，更值得我们关注和思考。

意识形态主导型的新闻业需不需要市场化？舆论引导如何在市场化的媒体中实现？意识形态主导与经济利益追求、公共利益维护如何平衡？市场规律与管理规制如何平衡？新闻生产如何在市场化进程中实现动态平衡？政府、市场、媒体与公众之间又如何保持动态平衡？

理论是灰色的，而实践之树常青。带着这些问题，本书围绕近年来中国新闻网站的上市现象，选取了荆楚网这一在新三板挂牌上市的首家省级国有网站，进行市场化背景下新闻生产的个案研究。

一、我国新闻网站的市场化进程

1994年4月20日，中国全面接入互联网。新闻与信息传播是互联网的主要功能之一，20多年来，我国网络媒体从无名到边缘到主流，走过了一条迅速发展壮大之路，全方位改变了中国传播格局。

在中国当下全新的传播格局中，已经渐成气候的新闻网站，扮演着多重角色，新闻生产发生着巨变，并受到多重因素的制约，研究价值也日益凸显。在诸多影响因素中，市场化是新闻网站发展的重要背景。

我国传统新闻媒体是最早探索上网之路的。1996年12月，央视网成立；1997年1月，《人民日报》正式触网；同年11月，新华网上线。2000年12月，人民网等中央网站经国务院新闻办批准，成为我国首批重点新闻网站，中央、省、市三级新闻网站的布局基本形成。2004年，我国多家重点新闻网站进入全球网站的百强行列。

但是，新闻网站从诞生之日起，就面临着激烈的市场竞争。从20世纪90年代末开始，中国内地新闻业竞争的主线之一，就是政府控制的传统媒体和以非政府资本掌控的商业网站之间的竞争，而传统媒体主办的新闻网站则成为这场竞争中的"先遣部队"。与拥有成熟经营理念和多样化盈利模式的商业网站相比，脱胎于体制内传统媒体的新闻网站，在发展观念、内容影响力、商业模式、人才储备等方面存在着很大差距，而这些差距直接反映为网站用户数量少、访问量低、发展规模体量小，直接影响着新闻网站舆论主导作用的发挥。

随着互联网对社会思想文化的影响日益显著，面对互联网上传媒运营主体多元化、传播渠道多样化、传媒的自我把关能力弱化，政府、政党对信息的直接控制力被削弱。面对这一形势，政府的媒体管理策略开始由信息的垄断控制转向寻找和保持信息强势。为此，政府开始探索通过制度设计来大力推进中央和地方重点新闻网站的市场化进程，希冀通过转企改制的市场激励，让资本运作反哺新闻生产，以实现经济效益和社会效益的双赢，从而增强新闻网站的舆论引导能力，抢占互联网时代的话语权。

从2001年中宣部、新闻出版总署、国家广电总局共同发布《关于深化新闻出版广播影视业改革的若干意见》开始，2006年[①]、2009年[②]、2013年[③]、2014年[④]中央密集出台鼓励新闻网站加快发展的文件，要求新闻网站加大转企改制步伐，迅速做大做强。在这一政策背景下，一批中央及地方新闻网站积极转企改制、探索进军资本市场之路。

---

① 《"十一五"时期文化发展规划纲要》提出，"加快建设一批综合实力强、在国内外有广泛影响的新闻网站，形成若干个具有较强国际竞争力和影响力与我国地位相称的综合性网络媒体集团，争取其中一到两家重点新闻网站进入世界前列"。

② 中央外宣办出台《重点新闻网站转企改制试点工作方案》，提出"积极抢占互联网舆论制高点，迅速壮大实力，做优做大做强，增强引导互联网舆论的能力"。

③ 《习近平总书记系列重要讲话读本》，学习出版社、人民出版社2014年版，第98页："要把网上舆论工作作为重中之重来抓，善于运用网络传播规律，改进创新网上宣传，发展健康向上的网络文化，形成网上正面舆论强势。"

④ 国家新闻出版广电总局：《关于推动传统媒体和新兴媒体融合发展的指导意见》，2014年8月20日，见http://www.gapp.gov.cn/news/1656/223719.shtml："着力打造一批手段先进、形态多样、具有竞争力的新型主流媒体，建成几家拥有强大实力和传播力公信力影响力的新型媒体集团，形成融合发展、立体多样的现代传播体系。"

2012年4月27日，人民网在上海证券交易所上市交易，成为我国新闻网站上市第一股，也是全国第一家整体上市的媒体。[①]2014年2月14日，山东舜网成功登陆新三板，成为全国第二家上市的新闻网站。[②]2014年7月1日，湖北荆楚网络科技股份有限公司在新三板市场挂牌上市，成为全国第三家上市的新闻网站，也是首家上市的省级新闻网站。[③]2015年6月17日，辽宁日报新媒体集团在新三板上市。[④]2015年10月12日，天津北方网在新三板上市[⑤]；2015年12月28日，上海东方网在新三板上市。[⑥]2016年10月28日，新华网在上海证券交易所上市。[⑦]

从事业单位到转企改制，再到在资本市场上市，意味着新闻网站将会打破长期自我封闭的状态，在市场化进程上跨出了一大步，其新闻生产理念与内容也随之改变。

二、新闻网站市场化的特殊性

新闻网站作为网络媒体的一支重要力量，在我国网络话语

---

① 中国新闻网：《"中国官网第一股"人民网上市》，2012年4月27日，见http：//www.chinanews.com/tp/2012/04−27/3851330.shtml。

② 新华网：《山东舜网传媒成功登陆新三板》，2014年2月17日，见http：//news.xinhuanet.com/politics/2014−02/17/c_126147714.htm。

③ 荆楚网：《荆楚网挂牌新三板省级全国重点新闻网站第一股》，2014年7月1日，见http：//news.Cnhubei.com/xw/2014zt/xsb/201407/t2971426.shtml。

④ 人民网：《辽宁日报新媒体集团在新三板上市》，2015年6月18日，见http：//media.people.com.cn/n/2015/0618/c40606−27174065.html。

⑤ 网易新闻：《天津文化产业加快上市步伐"北方网"新三板挂牌》2015年10月13日，见http：//news.163.com/15/1013/13/B5QGC65O00014SEH.html。

⑥ 中国网：《东方网新三板挂牌上市》，2015年12月28日，见http：//finance.china.com.cn/news/20151228/3518268.shtml。

⑦ 新华网：《从新华网上市看媒体加快融合发展：借助资本活力放大主流声音》，2016年10月28日，见http：//news.xinhuanet.com/fortune/2016−10/28/c_1119809039.htm。

场中具有特殊地位。当前我国的互联网新闻中，85%的时政新闻来源于重点新闻网站。[①]

与商业网站纯粹依托资本市场的市场化不一样，新闻网站是由国家行政力量主导的市场化进程。

"新闻网站"一词在我国政治经济语境中有特定的语意，它通常是指取得了新闻许可的互联网站点。新闻网站除了转载新闻外，还拥有新闻的采编权，和商业网站不同，新闻网站可以进行原创性的新闻报道。[②]

新闻采编权是媒体话语权的最直接体现，也是媒体得以立足的根本，这一权力使新闻网站在中国各大政治事件中具有在场优势。因此，政府寄望于通过国家政策推动新闻网站的市场化进程，从而获得资本力量，彰显政治影响力，在网络话语场中起到舆论主导作用。比如，2016年10月28日，新华网在上交所上市时，新华社对此事报道的标题就是《从新华网上市看媒体加快融合发展：借助资本活力放大主流声音》。[③]

莫斯可提出："国家与资本的整合发展是政治经济学领域中的一个重要议题"。[④]在中国的传统媒体格局下，似乎存在着不成文的分工，即传统主流媒体生产意识形态，而现代市场化媒体则负责生产受众或受众注意力。互联网的出现全方位改变了中国传播格局，国家通过政策推动新闻网站的市场化至

---

① 詹新惠：《新闻网站上市竞争力几何》，《传媒》2010年第7期。

② 需要说明的是，尽管2005年9月25日，国新办、工信部两部门联合发布《互联网新闻信息服务管理规定》，但关于"新闻网站"的定义及内涵并没有任何改变。

③ 新华网：《从新华网上市看媒体加快融合发展：借助资本活力放大主流声音》，见http://news.xinhuanet.com/fortune/2016-10/28/c_1119809039.htm

④ ［加］文森特·莫斯可：《传播政治经济学》，曹晋等译，上海译文出版社1996年版，第90页。

少基于两方面的考虑：一方面，维持新闻网站的投入较大，为了减轻资本投入的压力，已经不能再圈养媒体；一方面，为了更为有效地影响受众，在信息消费的过程中更好地贯彻意识形态，又必须壮大主流新闻网站。

换言之，国家政策成为新闻网站市场化的一个重要力量。因此，考察国家政策推动下新闻网站的市场化，是探讨我国媒体市场化的一个合适的切入点。

第二节　研究对象

本书选择荆楚网作为研究对象，主要基于以下两点考虑：

首先，作为经国务院新闻办公室批准的重点新闻网站，荆楚网的新闻生产已获得一定的专业认可。荆楚网由湖北省委宣传部、湖北省人民政府新闻办主管，湖北日报传媒集团主办，湖北荆楚网络科技股份有限公司运营，是经国务院新闻办公室批准的湖北省唯一的重点新闻网站，目前已获取互联网信息服务（ICP）经营许可证、网络广告经营许可证、信息网络传播视听节目许可证、广播电视节目经营制作许可证，并拥有互联网出版等资质。荆楚网相继获评"中国新闻网站十强""中国报社网站十强""最具营销价值门户网站""最受欢迎的党报党刊网站"，两次荣膺"中国最具品牌价值网络媒体"，先后十次获得中国新闻奖（详见附录一）。

其次，作为全国首家上市的省级国有新闻网站，荆楚网的市场化进程具有一定的普适性。如前所述，目前我国上市的新闻网站仅有七家，除人民网、新华网在上海证券交易所A股上市外，其余的五家地方新闻网站都是在新三板上市的。它们是：济南日报传媒集团主办的山东舜网，湖北日报传媒集团主办的荆楚网、辽宁日报新媒体集团、天津北方网和上海东方网。其中，人民网、新华网是国家重点新闻网站，中央政府的相关政策可以速达，而荆楚网作为我国第一家上市的省级重点新闻网站，相比人民网、新华网而言，面临更多的政策损耗和发展困难，本书选择荆楚网作为研究个案具有普适性。

第三节　研究内容

围绕"市场化对新闻生产的影响"这一核心问题，全书共分八章：

第一章：绪论。主要阐述研究缘起、研究对象、研究意义、研究方法。

第二章：文献综述。主要从三个大的方面梳理了相关研究文献：一是探析新闻社会学视域下的中外新闻生产研究，以寻找本研究的逻辑起点；二是分析我国新闻政策的相关研究，以全面了解国家政策话语对研究对象的定位；三是梳理我国新闻网站市场化个案的相关研究，以发现已有研究的不足和可以拓展的空间。

第三章至第七章为主体部分，围绕市场化对新闻生产的影响，以荆楚网为个案，从以下方面进行研究：

第三章对荆楚网从2000年至2015年的市场化进程作历时研

究和分期描述，思考国家政策演进与新闻网站市场化之间的勾连。发现国家政策处于"推进与控制"的两难：既希望新闻网站做大做强，获得市场利润；又要确保国家在舆论场中的绝对话语权，获得政治宣传的最大效果。从而，在政策推动下的市场化进程中，新闻网站在新闻生产中难免失衡。

第四章考察了新闻生产的理念变革与策略选择。发现荆楚网从不以营利为目标的单纯政治媒介组织，变成集党媒、上市公司、公共媒体于一身的复合媒介组织，既强调党媒的宣传职能又不断强化市场理念，在策略选择上兼顾了权力与市场，却忽略了公众利益，出现了新闻的失衡。然而，市场化也推动了荆楚网寻求公众、受众、人民三者之间的最大公约数，提高了信息服务质量，较好地回答了舆论引导如何在市场化的媒体中实现。

第五章考察了新闻生产的架构重组与惯习调适。发现市场化对新闻生产的影响主要体现在两个层面：一是导致了其组织架构的重组，荆楚网从原有的党媒编辑部变革成新媒体集团的公司架构。二是导致了新闻生产者惯习的渐变。通过对时政要闻部的参与式观察、问卷调查与访谈三种形式，了解了新闻发现、新闻选择和新闻报道三个环节的现状。在这个过程中，市场控制因素开始改变员工日常新闻生产惯习，追求生产效率，降低生产成本，忽略公众利益，出现了新闻失衡。但也产生了新的平衡点：荆楚网加大采编部门的人力资源投入，细致专业地划分新闻业务部门，理顺了采、编、营的关系，规范了新闻生产流程，重视原创能力，强调传播效果。

第六章考察了新闻生产的产品创新与流程再造。发现媒体融合强化了传媒市场的竞争，加速了传媒业的市场化进程。

在媒体融合这一路径选择下，荆楚网在新闻生产中的失衡与再平衡现象共存：市场的力量倒逼了荆楚网创新业态、实现多终端的产品配置，全力投入突发事件的报道；市场的力量也使荆楚网的新闻生产由"硬"变"软"，其新闻产品看起来琳琅满目，但其中一些却空洞无物，媒体作为公众代言人的职能，并没有得到足够的重视。

第七章讨论了新闻网站的身份纠结与新闻失衡。认为在市场化进程中，新闻网站受到媒介场、经济场与政治场的共同作用，形成宣传平台、市场主体、公共媒体三重身份的纠结。

第八章结语提出：冲破市场自由主义的教条，摒弃对西方媒体模式的迷信，发挥我国政府在媒体治理中的独特政治优势，探索中国特色新闻管理制度创新，实现媒介治理的动态平衡。

第四节　研究意义

一、现实意义

本研究的现实意义在于，通过实证研究了解国家媒体发展政策在现实操作层面的效果，为制度设计提供参考。

从国家决策层面来看，新闻网站上市，是国家制度设计提供给新闻网站的历史性机遇，希冀通过转企改制的市场激励，让资本运作反哺新闻为主的内容生产，从而增强舆论引导能力。

而且，有别于传统媒体只允许分拆出经营业务上市的是，新闻网站是将新闻信息采编与媒介经营打包在一起整体上市的。人民网、新华网、荆楚网等作为中国新闻网站率先上市的先行军，它们上市后的经验、问题和发展可行性是当代中国媒体发展研究中的重要议题。考察整体上市新闻网站的新闻生产，成为我们解读国家媒体发展重大政策在现实操作层面是否落实的合适路径。

同时，新闻网站是传媒集团向新媒体转型的先驱，是媒体融合的枢纽，其上市融资是传媒体制转轨和形态转型进程中的标志性事件。研究整体上市的新闻网站也可以为媒体融合实践提供一个有价值的讨论样本。

二、理论意义

本书的理论意义在于，站在"价值中立"的角度，将考察的目标定位在上市的新闻网站，引入"场域"视角下的媒介社会学理论，分析互联网时代中国最新的新闻实践。

市场对新闻生产的影响一直是全世界新闻学、传播学、社会学研究关注的热点话题，关于传媒与政府、市场三者关系的各类研究成果丰硕。综观社会学对于新闻生产过程的研究，总的来说有政治、经济、社会、组织、文化、技术等多种视角。当下中国，传媒的市场化问题、特别是新闻网站的上市现象，都回避不开媒介场、政治场、经济场这几大场域之间的互相作用。因此，布尔迪厄的"场域"视角下的媒介社会学理论，在当下到可以预见的未来之间都具有很强的解释力。媒介生产社会学在政治经济学的视野支撑下应该还有很大的理论空间，本书希望能为新闻生产社会学理论研究提供当下的实践样本。

综上所述，以荆楚网作为个案研究，考察市场化因素对新闻生产的影响，思考中国新闻网站上市后的失衡与再平衡，既能够在实际操作层面提供对策和建议，同时也具有理论层面的深入思考和探索，具有现实和理论的双重意义。

第五节　研究方法

本研究的核心假设是，新闻网站上市后，市场化会对新闻网站的新闻生产产生一定影响。这一观点在文献上有一定的论述，但却需要更多的经验证实。围绕这一研究假设，本研究采取定性研究+定量研究的混合研究方法[①]，把参与式观察法、问卷调查和深度访谈法作为主要研究方法，具体运用如下：

一、参与式观察法

观察法即通过观察来获取研究资料的方法。具体来说就是，研究者深入到被研究者的环境中去，通过实地观察，甚至参与他们的活动来获取资料。观察法根据观察者的情景角色可分为完全的参与观察、作为观察者的参与观察和完全的观察。参与式观察有五大优势：（1）观察是在"真实"环境下进行的；（2）观察者可以观察到研究对象"情感"层面的反应；

---

① ［美］约翰·W.克雷斯威尔：《研究设计与写作指导：定性、定量与混合研究的路径》，崔延强译，重庆大学出版社2007年版。

（3）同时可以获得大量的信息；（4）可以记录下观察到的"情境"信息；（5）如果观察者能与被研究对象建立默契，则可以提出用其他方法无法提出的敏感问题。

本书选取荆楚网为个案。由于工作机缘，笔者见证了荆楚网作为湖北省重点新闻网站从创办到上市14年来的发展历程，因此能采用参与式观察法等质化研究的方法进行长期、深入的观察，顺利实现个案研究。从2014年3月至今，笔者多次旁听荆楚网的每周业务例会，并收集了2013到2015年荆楚网业务例会的所有书面会议纪要。笔者的研究助理以实习生身份在荆楚网要闻中心工作，按照研究提纲展开对荆楚网完全的参与式观察，以日记的形式记录下在荆楚网的所见所闻。调查时间由2014年12月9日开始，至2014年12月31日结束，共计22天，除去休息日，共搜集调研日记18篇，总字数16000多字。2015年6月，笔者又在时政要闻部进行了为期10天的参与式观察，并对要闻部员工进行了多轮访谈。根据观察日记中呈现的问题，配合前期访谈，制定了调查问卷（见附录二）。

二、问卷调查法

以相关文献阅读和前期深度访谈为基础，笔者围绕本研究的核心问题制作了调查问卷，并于 2015年2月13日至3月13日共计29天在问卷星问卷平台①进行问卷发放，采用内部封闭式问卷法。

据荆楚网提供的数据，截至问卷发放日，荆楚网采编部

---

① 在线问卷调查网站：http://www.sojump.com/。

门的工作人员（含记者、编辑、技术、行政、财务等）共217人，填写问卷共计198人，占比91%。经人工检验问卷有效性，198份均为有效问卷，样本编号为1—198。问卷第9—15题为跳转性问题，要求样本中的新闻采编人员回答，共有64名样本回答了上述跳转问题，经核查，样本均来自荆楚网网站各采编部门。问卷最后一题为开放式问题，共有25名样本回答了该问题（问卷主观题答案全文见附录三）。参与问卷调查的荆楚网员工中，男女比例较为均衡，分别为55%与45%，男性略多；年龄上以26—30岁人群为主（49%），其次是31—35岁（21.7%），35岁以下员工占比71%；学历水平普遍较高，大部分员工拥有本科学历（158人），硕士及博士以上占比近20%（32人）。

问卷从公司化经营、人才管理、内容生产等角度进行了分析。根据问卷分析的结果，笔者有针对性地进行了第二轮深度访谈，对具体的个案进行了分析研究，以更好地了解核心假设。

三、深度访谈法

访谈是收集调查资料的常用方法之一。在本研究中，笔者以面对面的方式，深度访谈荆楚网中高级管理人员4名，相关部门负责人4名，编辑记者4名，对其中2名人员先后做了2次访谈，共计14人次，得以深入了解荆楚网新闻生产的各个层面（见附录四）。

第六节 关键概念

一、市场化

市场化的概念是与"政府控制"的管理体制相对应的，市场化是把市场作为解决各种问题的方法和条件，通过市场而不是政府来配置资源、调节供需，从而达到平衡。

目前对我国市场化程度指标的指数考察普遍采用樊纲先生的"市场化进程相对指数"，[①]主要包括五个方面：1.政府与市场的关系；2.非国有经济的发展；3.产品市场的发育；4.要素市场的发展；5.市场中介组织和法律制度环境。

媒介市场化就是在顺应文化体制改革以及新闻生产机构转企改制的背景和要求下，将新闻生产机构的可经营性资产与其人员、业务相剥离，将其优质资产变为市场化主体参与竞争，从政府导向过渡为市场导向。[②]

新闻媒体的市场化，使媒介的双重属性得以萌发和确立，文本生成和信息传播的过程，也成为一个利润生产的过程。

---

① 樊纲：《中国各地区市场化进程相对指数简述》，《现代营销（学苑版）》2005年第5期。

② 熊波：《新媒体时代中国电视产业发展研究》，博士学位论文，武汉大学，2013年。

二、新闻生产

新闻生产包括新闻从采集、编辑、制作到传播的全过程，是传播者对新闻事实进行选择、加工和发布的过程，其生产的主体包括新闻线索提供者、媒介组织、新闻从业者等。新闻生产既是一个名词，可以指代新闻实践的总和，但更是一个动词，强调了新闻从客观事实到被传播信息的过程。[①]

三、平衡与失衡

平衡是个多重语义词，有物理学意义上建立在比较中的"齐平、等重"的语义；有生态学意义上在相互关系中的"制约、共利"的语义；也有哲学意义上"矛盾的暂时的相对的统一"[②]的语义；还有西方媒介生态学意义上的"在复杂的社会生态体系内，透视人、媒介和社会各种力量的共栖关系，以期望达到生态平衡"[③]的意思。本书所指的"新闻平衡"，偏向后两层意义，既指政府、传媒与公众之间的良性互动，也指新闻生产过程中新闻应该担负的社会责任。"失衡"是与"平衡"相反的一种状态。同时，"平衡"是相对的、局部的、暂时的，而"失衡"是绝对的、长期的，失衡与平衡，永远处于动态发展中，不可能达到静止的、绝对的、一劳永逸的平

---

① 张志安：《编辑部场域中的新闻生产》，博士学位论文，复旦大学，2006年。

② 毛泽东：《关于正确处理人民内部矛盾的问题》，《毛泽东文集》第7卷，人民出版社1999年版，第215页。

③ 单波、王冰：《西方媒介生态理论的发展及其理论价值与问题》，《新闻与传播研究》2006年第13卷第3期。

衡状态。

关于新闻传播的"平衡与失衡"，学界已有一些相关论述。有学者称为"传播失衡"[①]，即传播分化造成的传播冲突，形成了媒介在价值、文化、意识形态和社会结构等系统和领域的不均衡发展；有学者思考了国际传播"失衡与平衡"的问题[②]；有学者关注过灾难性事件中的"失衡与平衡"，讨论了政府、媒体与公众三者之间的关系[③]；有学者思考过网络空间结构的再平衡[④]；有学者提出，政府、媒介和民众之间应该保持三足鼎立和相互制约的三角关系，才不会对社会的整体平衡造成破坏[⑤]。

另外，需要说明的是，本书中高频出现的还有两个词汇：

一是新闻政策。学术界对"新闻政策"的解说各不相同，也有"法规""规制"等各种命名。本书采用政府话语体系，以国家、政党对新闻业的宏观政策调控为视角，把我国关于新闻业管理的法规及纪律规定统称为"新闻政策"。

二是荆楚网。为行文简洁，本书将研究对象统称为"荆楚网"，但其在不同发展阶段内涵和外延有所变化，本书第三章将会详述。概括起来：2000—2003年期间的"荆楚网"，是指湖北广播电视总台旗下的湖北中广信息传播中心创办的"荆

失衡与再平衡——中国新闻网站上市现象研究

① 姚君喜：《我国当代社会的传播失衡》，《上海交通大学学报（哲学社会科学版）》2006年第3期。

② 赵雅文：《国际传播失衡与平衡的哲学思考》，《新闻大学》2007年第2期。

③ 丁柏铨：《失衡与平衡——论灾难性事件中政府、新闻传媒与公众的关系》，《南京社会科学》2010年第9期。

④ 张涛甫：《新传播技术与网络空间结构再平衡》，《南京社会科学》2015年第1期。

⑤ 张诗蒂：《政府、媒体和公众关系的动态平衡》，《四川大学学报（哲学社会科学版）》2005年第1期。

楚新闻网"，网站域名为：www.99sky.com；2004—2011年期间的"荆楚网"，是指湖北日报报业集团成立"湖北楚天传媒网络科技有限公司"运作的新闻网站，网站域名变更为www.cnhubei.com；2011年4月后的"荆楚网"，是指湖北日报新媒体集团，以湖北楚天传媒网络科技有限责任公司为核心，由湖北楚天手机媒体有限公司、武汉楚天尚漫科技有限公司、武汉楚天神码科技有限公司等多家全资子公司组成的新媒体企业集团，涵盖网络、移动客户端、杂志、户外媒体、动漫、二维码等多种业务形态。2017年1月，荆楚网更名为湖北日报网，其网站域名不变。

第七节 研究创新与不足

本研究是一个实证研究。以荆楚网这一在新三板挂牌上市的首家省级国有新闻网站为个案，探讨市场化背景下新闻网站的新闻生产，思考新闻网站上市后新闻的失衡与再平衡。

一是进行了经济与政治的双重反思。有别于商业网站纯粹依托资本市场的市场化，中国新闻网站的市场化进程是由国家行政力量主导的。传统新闻学理论认为：传媒控制主要来自政治控制、商业控制和受众控制。这三种力量我们在荆楚网的市场化进程中都可以找到。荆楚网在市场化进程中，政策既构成推动，又形成控制；市场既带来自由，又形成束缚。本书从政治经济学的视角来考察新闻网站的新闻生产，对新闻的失衡与再平衡进行了经济与政治的双重反思。

二是引入市场化研究维度，揭示中国新闻网站的身份纠结与新闻失衡。本书既呈现了荆楚网在新闻生产中的种种失衡，又呈现了荆楚网在实践中对新闻平衡点自觉和不自觉的鲜活探索，揭示出市场化进程中媒介场、经济场与政治场共同作用下新闻网站的身份纠结，提出新闻网站既要遵循市场规律以求生存和发展、又要超越市场规律去承载权力和义务。

三是以新闻生产为切入口，展示新闻网站的内容生产与利润追逐之间的困境。本书运用新闻生产社会学理论，从中观层面分析荆楚网在市场化进程中的新闻生产，了解到政策如何推动新闻网站的市场化，市场化又如何影响新闻生产，这些对公众希望传媒发挥的公共信息服务职能有哪些正负效应，对政府希望传媒发挥的政治宣传职能又产生了何种影响。

四是基于荆楚网个案研究，思考当下新闻网站上市后面临的共性问题与对策。新闻网站的上市，是近年来中国媒体发展的新探索，而国有省级媒体的市场化改革，是中国传媒发展有代表性的案例。荆楚网是全国首家上市的省级重点新闻网站，而且，相比人民网、新华网而言，荆楚网面临更多的政策损耗和发展困难，其经验和教训更具普适性。本研究希望为中国构建新型主流媒体提供经验参考和路径探索，并填补中国媒介社会学新闻生产研究的一些缺口。

五是提出了中国特色新闻管理制度创新的可操作路径，提出实现媒介治理动态平衡的建议。中国传媒业正处在深刻变革中，媒体的鲜活实践已走在了政府规制之前，我们需要冲破市场自由主义的教条，需要破除对西方媒体模式的迷信，发挥我国政府在媒体治理中的独特政治优势，探索具有中国特色的媒体政策，实现媒介治理的动态平衡。

不足的是，本研究虽然具体选择了我国首家上市的省级新闻网站荆楚网作为个案，但是，从总结和寻找普遍性规律而言，对其他几家上市新闻网站的经验和问题研究不够，从而论证不够充分、论据不够扎实，只能在今后的研究中再作弥补了。

第二章　文献综述

本书研究的核心问题是，新闻网站上市后，市场化对新闻生产的影响。围绕这一问题从三大方面梳理相关文献：一是探析新闻社会学视域下的中外新闻生产研究，以寻找本研究的逻辑起点；二是分析我国新闻政策的相关研究，以全面了解国家政策话语对研究对象的定位；三是梳理我国新闻网站上市现象及荆楚网个案的相关研究，以发现已有研究的不足和可以拓展的空间。

第一节　新闻社会学视域下的新闻生产

作为一个学科，社会学用精确、控制的方法科学地、系统地研究社会。在20世纪40—50年代，美国学者开始将新闻学研究正式纳入社会学研究范畴。新闻生产社会学是社会学研究的一个分支。

一、从新闻社会学到新闻生产社会学

社会学家最早关注的并不是媒体本身，而是重点考察在政治事件中媒体对公众产生的作用和影响。拉扎斯菲尔德等学者在《人民的选择》①一书中提出新闻"二级传播"的模式和"意见领袖"的概念。新闻现象越来越多地被社会学家所关注和研究。之后，社会学家沃伦·布里德做了一项研究，专门围绕新闻媒体编辑部的工作运行进行分析，提出在新闻采编和传播过程中，有着一种潜在的制度性约束，构成一张"潜网"，作为编辑部从业人员的行为规范。对于这套无形的规范，从业者既是主动践行的又是被动遵守的。这个发现，在某种程度上可以视为其后法国社会学家布尔迪厄"场域·惯习"理论的先声。

1978年，社会学家盖伊·塔奇曼用十年时间对新闻编辑部和新闻从业者进行调查和研究，出版了《做新闻》②一书，她在研究中指出，制作新闻的行为不是构建事实后图景的行为，其实它本身就在建构事实。1979年，赫伯特·甘斯《什么在决定新闻》③一书出版，作者从新闻价值观的视角研究编辑部的新闻生产，概括出"民族的优越感""利他的民主""个人主义"等对记者判断产生持久影响的价值观，认为事实上，新闻记者在选择新闻事实时无法保持真正的客观。

---

① ［美］拉扎斯菲尔德等：《人民的选择》，唐茜译，中国人民大学出版社2012年版。

② ［美］盖伊·塔奇曼：《做新闻》，麻争旗、刘笑盈、徐扬译，华夏出版社2008年版。

③ ［美］甘斯：《什么在决定新闻》，石琳、李红涛译，北京大学出版社2009年版。

1980年，马克·费什曼出版了《制造新闻》一书，基于对地方性新闻媒体的关注和研究，分析了消息源与新闻从业者的关系，并揭示了他们在媒介组织中受到的压力。同年，托德·吉特林出版了《全世界在观看》[1]一书，体现出批判学派的社会学传统。1994年，吉特林出版了《内在的黄金时段》[2]，着重研究了媒介新闻生产与传播过程中权力关系的变化。同年，麦克马纳斯的专著《市场新闻业：公民自行小心》[3]出版，他分析了新闻生产的环境因素和商业化新闻生产的逻辑，提出了新闻生产的市场理论。迈克尔·舒德森出版了《发掘新闻：美国报业社会史》[4]，详细描述了便士报的发展历程及其特征与影响，探讨了市场对新闻生产的影响。1995年，迈克尔·舒德森又出版了《新闻的力量》[5]，围绕"历史"和"事件"两个核心，提出：新闻是一种关键性的社会机制，它受政治、经济、文化等方面的影响。

2004年，罗伯特·W.麦可切斯尼（Robert W.McChesney）在《媒体问题：21世纪美国的传播政治》[6]一书中指出，美国媒体系统完全受制于企业财团的支配，受制于资本主义的商业化。除了媒体的所有权外，市场对新闻生产的影响还表现在广

---

[1]　［美］托德·吉特林：《全世界都在看——新左派运动的媒介镜像》，胡正荣、张锐译，华夏出版社2007年版。

[2]　Gitlin T. *Inside Prime Time*. University of California Press，1983.

[3]　［美］约翰·H.麦克马纳斯：《市场新闻业：公民自行小心》，张磊译，新华出版社2004年版。

[4]　［美］迈克尔·舒德森：《挖掘新闻：美国报业社会史》，陈昌凤、常江译，北京大学出版社2009年版。

[5]　［美］迈克尔·舒德森：《新闻的力量》，刘艺娉译，华夏出版社2011年版。

[6]　Robert W.McChesney. *The Problem of the Media：US Communication Politics in the Twenty-first Century*. NYU Press，2004.

告已经成为美国媒体最主要的收入来源。这种影响的直接危害有二：其一，损害了新闻的客观性；其二，市场化让媒体生产迎合媒体所有者及广告商的内容，影响了社会的公平与正义，损害了文化的健康发展。

除美国外，加拿大的文森特·莫斯可在《传播政治经济学》①一书中提出三个具有时代意义的出发点：传播的空间化、商品化和结构化。他将资本主义报纸商品化生产过程概括为：新闻报道者变成了一名工资劳动者，靠出售其劳动力或者撰写新闻报道的技能来换取工资。资本将那种劳动力转化为一篇报纸文章或者一个专栏，它们和其他新闻报道与广告一起形成了一个套装产品。

梳理西方新闻生产社会学的研究，可以发现不同时期的研究重点不断发生着改变：早期比较侧重记者、编辑等新闻生产者的个体新闻选择过程的研究，然后逐步延伸至对新闻媒体这个组织，以及组织内、外部各种因素对新闻生产过程的影响。

二、"场域"视角下的媒介社会学

布尔迪厄的"场域·惯习"理论体系，在新闻社会学的研究历史上，具有十分突出的价值。

1996年，法国社会学家布尔迪厄做了一次电视讲座，却在电视上公开批评电视界，此后讲座文字版整理出版，题为《关于电视》②。在这本不厚的书中，他首次提出了"电视场"和

---

① ［加］文森特·莫斯可：《传播政治经济学》，胡春阳、黄红宇、姚建华译，上海译文出版社2013年版，第170—171页。

② ［法］皮埃尔·布尔迪厄：《关于电视》，许钧译，辽宁教育出版社2000年版。

"新闻场"等概念。后来他将上述概念整合，统一使用了"媒介场"这一概念。

按照布氏的理论，一个社会空间由各种场域构成，它们分别是政治场域、经济场域、文化场域等。媒介场属于文化生产的场域。关于媒介场，他的观点是，面对经济场逐渐加大的渗透和影响，新闻的自主性大大减弱，由此也减损了艺术创新和科学知识生产的最佳社会条件。媒介场概念的提出，在分析媒介和外部社会环境的关系、研究媒介内部的运作等方面，都提供了一个全新的视角。在布尔迪厄看来，不同的场域之间互相作用，尤其是政治场和经济场，都试图对媒介场施加影响，获得更大的控制权。媒介场是上层建筑，经济场作为它的基础，两者在博弈当中，往往后者因为拥有资本总量的优势而占据支配地位。而媒介场却不甘于沦为资本方的"奴仆"，它努力扩大自己在公众中的注意力和影响力，与广告商讨价还价，试图形成某种制衡。其实，两者虽然处于权力斗争的状态当中，实则相互依赖，并且相互利用，是一种控制与被控制、斗争与协调交替的复杂关系。与经济场相对应，政治场也在强有力地争夺着对于媒介场的控制权。政治场虽然不能像经济场那样用经济利益来进行"收买"，但它以仲裁者的身份存在，它在某种程度上以制度或政策的形式决定着媒介行为的导向。媒介场往往在看不见的状态下，通过大量文化信息，传递价值观，影响意识形态，帮助政治场实现其合法性的大众认同。一言以概之，政治场和经济场之所以争相拉拢或控制媒介场，是因为前者想通过它获得更大的权力认同，后者想通过它获得更大的利润回报。即使商家的所谓无偿赞助，其实最终也是变相的广告宣传，借助媒体宣传获得认知度与美誉度，进而转化为商品的品牌价值。

与"场域"概念密切相关的是"惯习"。这个词汇，有人译为"习性"，有人译为"生存心态"，在本质上，它是一个场域的人群共有的一种具有持续性和能动性、生成性的心态结构。这种心态结构有一种根本的动机，就是生存。因此，它又称为"生存心态"。总而言之，不管怎样的称谓，它都在真实地影响着一个场域人群在社会中的价值取向和行为方式。本书中我们统一称为"惯习"。

场域和惯习之间，是一种互相作用的关系。首先，惯习在场域中习得；其次，惯习又对场域有一定的构建性。一个人在什么场域，渐渐形成和同一个行业的人相似的行为风格、语言风格，正因如此，他在这个行业更容易适应和生存，进而得到发展。惯习如此习得，它使一个人群和其他人群区分开来，形成一个领域，也就是我们中国人常说的"圈子"。随着社会环境的变化，人们的心态结构会发生变化，行为方式会发生变化，具有共同性的惯习的改变，又在重构着一个场域的新特征。

布尔迪厄对于场域的研究，尤其是对媒介场的研究，日渐形成一个庞杂的理论体系。除了《关于电视》[①]，相关代表性的著作还有《文化资本与社会炼金术》[②]《实践与反思——反思社会学导引》[③]等，另外，关于布氏社会学思想研究，有戴

---

① ［法］皮埃尔·布尔迪厄：《关于电视》，许钧译，辽宁教育出版社2000年版。

② ［美］包亚明：《文化资本与社会炼金术：布尔迪厄访谈录》，上海人民出版社1997年版。

③ ［法］布尔迪厄、［美］华康德：《实践与反思——反思社会学导引》，李猛等译，中央编译出版社1998年版。

维·斯沃茨所著《文化与权力：布尔迪厄的社会学》等。

三、从新闻生产社会学到网络新闻生产社会学

社会学家对于新闻事业的关注和研究，形成了新闻社会学理论。从最早对新闻现象的关注转移到对新闻生产过程的研究，提出了新闻生产社会学的概念，人们称它为狭义的新闻社会学。20世纪90年代末，新闻生产社会学在中国学界开始广泛流传的时候，中国互联网接入公众服务才不足两年，全国网民只有62万①，人们尚未将网络和新闻传播联系起来。而今天研究新闻生产，一定不能忽略网络媒体。

综观社会学对于新闻生产过程的研究，总的来说有六种视角，分别是政治、经济、社会、组织、文化、技术。政治和经济往往又被习惯性地合成一个视角。政治经济学的分析着重考察媒介的所有制以及依赖于此的权力关系；社会组织分析侧重于新闻媒介内部的组织架构、政策、专业规范、行为框架等；而文化研究则更加注重新闻的价值观念及意识形态的渗透。②另外，技术视角的分析往往侧重于新型技术对于新闻采集、报道方式及传播效果的影响。几个研究视角虽然各有侧重，但并非孤立存在，也有学者结合起来进行研究。

新闻媒体的市场化，使媒介的资本属性得以萌发和确立，文本生成和信息传播的过程，也成为一个利润生产的过程。但这并不意味着新闻生产不再是一个意义生产的过程。新闻从来

① 根据中国网络空间研究院发布的《中国互联网20年发展报告》中公布的数据。

② 潘忠党：《"补偿网络"：作为传播社会学研究的概念》，《国际新闻界》1997年第3期。

都具有"构建"世界的能力，影响着人们对世界的认知，事关意识形态和国家利益。政治场和经济场各有侧重地对媒介场加强渗透和控制，三线交织，动态并进，传播政治经济学成为颇具解释力的理论。传播政治经济学的理论母体是政治经济学，所以当我们研究媒介的新闻生产，无法忽略政治经济学的宏观理论背景。政治经济学作为一个重要的理论渊源，参与到对新闻生产过程的解释体系，使新闻生产社会学的理论更加厚重。

国内对新闻生产的研究基本以个案研究为主，复旦大学新闻学院是研究领跑者，同时，以《南方周末》《南方都市报》《广州日报》为代表的南方报系在中国新闻业界具有独特的地位，从而成为国内新闻生产的主要研究对象。从2004年到2009年，洪兵、张志安、田秋生、芮必峰四位同门的博士论文，均以南方报系的新闻生产为主题，完成了一场关于新闻生产研究的接力赛。

洪兵以媒介生产社会学的方法取向[①]，选取了《南方周末》在不同时期与社会系统中的规制力量形成的三个互动个案进行分析，这些规制力量主要体现为政策、规章与法律对于新闻媒介的管理与规范，作者认为，这些规制力量使得转型社会中的新闻生产过程更为复杂，其产生的影响是深远的。作者试图分析"编辑"在《南方周末》的新闻生产中所扮演的"把关人"角色，重点分析在编辑的新闻生产过程中，新闻判断与新闻选择是否有规可循，这种规律是否以及如何影响到新闻的最终呈现。

张志安从编辑部场域的视角出发，采用媒介组织新闻生产

---

① 洪兵：《转型社会中的新闻生产——〈南方周末〉个案研究（1983年—2001年）》，博士学位论文，复旦大学，2004年。

社会学的研究取向，深入南方都市报编辑部组织内部，考察了该报创办10年来的发展历程，揭示其新闻生产与社会控制因素之间的互动关系。[①]论文采取"深描"手法，结合理论阐释，在中国社会转型这一背景下来思考《南方都市报》新闻生产呈现出的特征，展示了这一个案的特殊性和普遍性。

田秋生考察了《广州日报》20多年来的发展历史，描述了其从一个党组织的宣传机构转变为现代型企业的过程，分析了社会转型期党报新闻生产的三重逻辑：宣传逻辑、新闻逻辑与市场逻辑之间的关系，[②]思考了在中国社会转型时期，市场逻辑如何重构了一家城市党报的新闻生产；讨论了在中国的独特历史情境中党报与市场，乃至媒体与市场的关系。

窦锋昌描述了互联网对《广州日报》新闻生产内容平台、组织架构产生的影响和需求，分析了新媒体逻辑下《广州日报》新闻生产发生转变的原因，并在此基础上，提出了"开放式新闻生产模式"。[③]

如果说上述各位把目光投向了报纸的新闻生产，徐帆则另辟蹊径，通过考察生产情境、生产主体和生产活动共同构成的动态，描述了凤凰卫视从"立基于香港的境外体制外媒介组织"之归属角色走向"华语联结"之成就角色的演进轨迹。[④]

肖珺研究了资本以何种形式进出于媒介之中；媒介产业与

---

① 张志安：《编辑部场域中的新闻生产——〈南方都市报〉个案研究（1995—2005）》，博士学位论文，复旦大学，2006年。

② 田秋生：《市场化生存的党报新闻生产——〈广州日报〉个案研究》，博士学位论文，复旦大学，2008年。

③ 窦锋昌：《报纸开放式新闻生产研究》，博士学位论文，武汉大学，2013年。

④ 徐帆：《制造角色：凤凰卫视的生产机制研究（1996—2011）》，博士学位论文，复旦大学，2011年。

其他产业相比，能够为资本占有者带来什么利益。①进而，在不同的历史阶段和不同的国家体制下，媒介资本的运动规律是否产生了差异。思考了应该如何评价媒介资本的价值增值对媒介发展的作用。肖珺试图从媒介本性，即媒介产业的特殊性中重新认识媒介资本的形态、运动和意义，以建构更为丰富和多维的媒介资本理论认知。详细描述了媒介投资人的投资方式及利益诉求。在整个媒介资本场域中，国家、市场和公众都掌握资本，他们通过自己的方式对媒介进行投资，并借以取得收益。

芮必峰认为，在当前中国社会特定的政治、经济、文化的语境中，我国媒体与政府的关系主要表现在与各级党委宣传部门的关系，在具体新闻生产过程中，大量存在的是两者之间冲突中的合作与合作中的冲突，而不是要么是"对抗"要么是"合谋"的二元对立关系。②

柯泽认为，当新闻传媒进入市场领域中之后，它与市场所建立起来的关系是复杂的，一方面要遵循基本的经济市场规律，另一方面要承载权力和义务，又必须超越市场规律。只有理性发展的新闻传媒业才能承担起"守夜人""瞭望者"等义务和责任。传媒理性包括传媒政治理性、传媒文化理性、传媒经济理性三个层面。一是政治理性。传媒必须依法行使舆论监督权，必须担负起引发公共舆论、构建公共政治生活的重要使命。二是文化理性。传媒必须致力于探求真理，传承文明，持有一些优先的文化价值和社会目标，培植优秀的民族个性。三

---

① 肖珺：《场域与控制：媒介资本新论》，博士学位论文，武汉大学，2006年。

② 芮必峰：《政府、市场、媒体及其他——试论新闻生产中的社会权力》，博士学位论文，复旦大学，2009年。

是经济理性。传媒产品必须成为一种商品，必须经由市场去流通和发售，必须置于多元化的经济结构之中自由竞争，从而形成多元的意见市场。这种理性法则，是传媒业与外部联系过程中各种力量平衡的结果。[①]

张咏华着眼于日益崛起的网络新闻传播业，深入研究网络新闻业同社会经济、政治、文化之间的互动，侧重从我国作为一个发展中大国的现实出发，分析网络和网络新闻业介入社会政治、文化生活在具有积极影响的同时带来的文化、政治方面的挑战。[②]

彭兰对中国网络媒体的发展进行了全景式记录，对网络媒体事业的基本格局、网络媒体的新闻业务、网络媒体的经营、网络舆论和社会生活的关系等问题，进行了系统、深刻的理论分析。其中对十年间中国网络新闻生产状况的大量历史记录，有着重要的资料价值。[③]

2005年，时任新浪网总编辑陈彤与新浪新媒体研究中心主任曾祥雪合著的《新浪之道：门户网站新闻频道的运营》[④]出版，作者既是研究者，又是资深的从业者，双重身份带来资料与实证上的巨大优势。书名虽然落脚于运营，在具体操作的层面，却几乎处处关乎新闻生产。内容包括新浪网的编辑方针、新浪新闻的组织管理系统、网络新闻管理的竞争策略、网络新闻受众及需求管理、网络新闻生产管理的法规与伦理等多个方

---

① 柯泽：《理性与传媒发展》，上海三联书店2009年第1版。

② 张咏华：《多维视野中的网络新闻业》，博士学位论文，复旦大学，2003年，后出版时名为《中外网络新闻业比较》。

③ 彭兰：《中国网络媒体的第一个十年》，清华大学出版社2005年版。

④ 陈彤、曾祥雪：《新浪之道——门户网站新闻频道的运营》，福建人民出版社2005年版。

失衡与再平衡——中国新闻网站上市现象研究

面。作为中国最大的民营门户新闻网站，新浪的做法和经验无疑对整个网络新闻业有着重要的借鉴和参考意义。该书最宝贵的地方，是公布了新浪网在新闻生产管理中的具体操作流程和管理规章，对于了解网络新闻场域的具体惯习有着直观的参考价值，是中国网络新闻生产研究领域很有价值的个案研究成果。

第二节　新闻网站的国家政策话语研究

赫伯特·阿特休尔指出："事实上所有国家都采用各种新闻政策，分歧点在于市场经济国家对新闻政策的命名不同。"[①]研究中国语境下的新闻网站市场化进程，首先要厘清相关国家政策。由于网络媒体与传统媒体在准入资格、运行方式、信息传播方式等方面有较大不同，由于当前我国网络媒体的资本构成多元，传统意义上以管控为主的新闻宏观管理模式难以适应互联网时代的传播格局。因此，鼓励新闻网站转企改制、以市场配置资源为基础，希望借助资本活力促进新闻网站在市场化进程中做大做强、从而增强其舆论引导能力，成为我国政府的政策选择。对于与新闻网站相关的国家政策研究，也是近年来学界关注的焦点。

---

① ［美］赫伯特·阿特休尔：《权力的媒介》，黄煜、裘志康译，华夏出版社1989年版。

一、政经格局下媒体的角色定位

随着改革开放的深入，市场经济日渐成熟，网络技术的飞速发展以及传播观念的革新，中国的新闻政策在政府、资本、技术三种力量推动下不断调整，政策定位下的中国媒介经历了从主要作为宣传工具到逐步凸显产业功能、从分业发展到媒体融合的变化过程。

从时间轴看，郎劲松将中国新闻政策的历史演进分为三个时期：一是探索期以改造为主限制为辅的"过渡型新闻政策"，二是改革期以改革为基调、用整顿作手段的"改良型新闻政策"，三是发展期以宏观调控的刚性与局部创新的弹性相结合的"整合型新闻政策"。①

胡正荣、李继东认为，中国的媒介规制大致分成三个阶段，第一阶段是1978—2000年的事业单位调整时期；第二阶段是2001—2002年的以规制市场主体的经济活动为主时期；第三阶段是2003年至今的以媒资融合和资本化融合为主时期。②

周劲则从经济学视角将中国媒介制度的演进分为四个阶段："财政成本拉动型"的企业化制度变迁（始于1978年），"经济效益推动型"市场化制度变迁（始于20世纪80年代末），"行政力量控制型"的产业化制度变迁（始于20世纪90年代中后期），"政治与资本合作型"的资本化制度变迁（始于2003年）。③

---

① 郎劲松：《中国新闻政策体系研究》，新华出版社2003年版。
② 胡正荣、李继东：《我国媒介规制变迁的制度困境及其意识形态根源》，《新闻大学》2005年第1期。
③ 周劲：《转型期中国传媒制度变迁的经济学分析——以报业改革为案例》，《现代传播》2005年第1期。

在对中国新闻政策变迁的分析过程中，学者们都关注到政府、资本、技术三种力量，或者说政治性、经济性与公共性对新闻政策的影响。

郎劲松提出以下三种价值标准：政治可行性是我国新闻政策制定的绝对价值标准，社会可行性是相对价值标准，经济可行性是其潜在价值标准。[①]

喻国明、苏林森认为，"政治和经济两股力量在中国的媒介发展中反复拔河，相互作用、相互争夺，其结果依次经历政治主导形态、政治主导但市场增势形态、势均力敌形态、市场主导但政治增势形态和市场主导形态，经济因素逐渐占上风"。[②]

胡正荣、李继东分析了我国媒介规制的实施中存在目标的双重性与实施的两难性。[③]首先，既要保持国有媒体的主导地位，又要充分运用市场机制来推进媒介产业规模化、集约化发展。其次，媒介既要维护党和政府利益又要为公众服务。最后，既要确保党在意识形态的领导地位，又要国有媒介在经济上逐渐自力更生。

郭海英提出："党管媒体"是我国传媒行业政府规制的基本原则，"喉舌论"是我国媒介功能的基本定位，兼具政治性、经济性、公共性的"一体多面"是对我国媒介属性的基本认识，"三重身份"（政府机构的延伸、事业单位的定位、企

---

① 郎劲松：《中国新闻政策体系研究》，新华出版社2003年版。

② 喻国明、苏林森：《中国媒介规制的发展、问题与未来方向》，《山西大学学报（哲学社会科学版）》2009年第6期。

③ 胡正荣、李继东：《我国媒介规制变迁的制度困境及其意识形态根源》，《新闻大学》2005年第1期。

业化的运作）是我国媒介组织的基本特征。①

由上可见，在政府、资本、技术三种力量（或者说政治性、经济性与公共性）对我国新闻政策的影响力分析中，学者们都认同政治性产生了最大影响、"喉舌论"是我国"党管媒体"这一基本原则下我国媒介功能的基本定位。

二、新媒体环境下我国新闻政策面临的挑战

1994年中国全面接入互联网后，网络媒体迅猛发展，全方位改变了中国传播格局，也给我国媒体管理带来挑战。互联网去中心化的网状信息传播结构使传统的"分级管理"失效，互联网集文字、图像、音视频于一体的内容生产方式使传统的"分业管理"失效，随着移动互联网的普及，"随时随地、随身随意"的信息发布方式，使传统的"属地管理"失效。

钟瑛、刘瑛提出，特定的政治经济环境以及特定的社会文化传统造成了特定的媒介管理方式。在我国，互联网管理既沿袭传统的媒介管理的基本思想，又根据网络技术的特殊性增加了一些新的内容。②并将中国互联网管理特色概括为四点：控制与发展并行不悖的管理思想，法规与政策相结合的管理依据，个体自律与社会监督并重的多元管理手段，适应网络经营者成分多元的分类管理方式。

强月新从规制主体、规制目标、规制制度、规制行为四

---

① 郭海英：《传媒行业政府规制体制研究》，博士学位论文，南开大学，2013年。

② 钟瑛、刘瑛：《中国互联网管理与体制创新》，南方日报出版社2006年版，第23页。

个方面分析了我国传媒市场政府规制存在的问题。[①] 一是传媒规制主体不明确。二是规制目标的复杂性。三是规制制度不健全，调控乏力。四是规制行为不科学，习惯于计划经济时代的行政管理为主，而不是按市场经济规律办。

钱蔚分析了中国电视传媒制度变迁历程中的政府失灵现象，提出电视制度变迁是一个从政治权力领域走向"具有政治功能的公共领域"的过程。[②]

句华对公共服务中的市场机制研究，[③]马国贤对公共政策的分析与评估研究，[④]对思考互联网环境下我国媒体管理政策如何保障公共服务和公共利益具有相当的启发。

第三节　我国新闻网站上市现象研究

2009年起，国家政策开始鼓励新闻网站上市。关于新闻网站上市的研究成为网络新闻研究的一个热点。

关于新闻网站为什么上市，支庭荣认为，新闻网站上市的主要目的是运用市场化机制，充分培育国有网络媒体，从而为新闻改革探路，为传统媒体转型探路。[⑤]杨琳瑜认为，新闻网站转企改制并通过上市对接资本市场，是在社会主义市场经济

---

① 强月新：《中国传媒市场研究》，武汉大学出版社2012年版，第130—133页。

② 钱蔚：《政治、市场与电视制度》，河南人民出版社2002年版。

③ 句华：《公共服务中的市场机制》，北京大学出版社2006年版。

④ 马国贤：《公共政策分析与评估》，复旦大学出版社2012年版。

⑤ 支庭荣：《从新媒体版图看新闻网站上市》，《新闻与写作》2010年第1期。

条件下做大做强新闻网站的必由之路。①厉国刚认为，新闻网站上市的目的有四：一是获取资金；二是提升竞争力；三是提高产业集中度；四是推动新闻网站的改革和创新。②

关于当前新闻网站上市存在的问题，詹新惠认为，上市后，面对资本市场的逐利性，新闻网站既是国家发言人，又是商业公司，将面临如何处理宣传职能和股东利益两者关系的考验。③

陈国权认为，新闻网站上市亟待破解四个问题：证券市场能否认可？能否找到适合的商业模式？能否有核心竞争力？体制问题如何解决？④

门书均从价值主张、内容资源和收益模式三个方面总结新闻网站存在的问题：新闻网站公共性和商业性的博弈与平衡问题；新闻网站核心竞争力与商业网站先发优势的矛盾问题；赢利模式单一与可持续赢利能力的矛盾问题。⑤

关于新闻网站上市后的发展对策：支庭荣认为，新闻网站应该完成从资源依赖向创新驱动，从财务投资向战略投资，从圈养到放养三个转变。杨琳瑜认为，新闻网站要利用上市的契机建立现代企业制度，实施重大的人才战略来实现优胜劣汰，最终找到合适的业务发展方向和赢利模式。詹新惠认为，要继续发挥新闻网站的无形资产优势、政治资源优势、新闻资源优

---

① 杨琳瑜：《从转企改制到上市：新闻网站的改革路径探析》，《新闻界》2010年第4期。

② 厉国刚：《新闻网站上市与做大做强》，《中国报业》2010年第12期。

③ 詹新惠：《新闻网站上市竞争力几何》，《传媒》2010年第7期。

④ 陈国权：《新闻网站上市亟待破解的若干问题》，《中国报业》2011年第5期。

⑤ 门书均：《转企上市背景下新闻网站商业模式的转型与创新》，《新闻界》2010年第6期。

势。厉国刚认为，新闻网站可以从以下五个方面入手：一是品牌建设；二是公司治理；三是吸引人才；四是兼并扩张；五是拓展产业链。门书均认为，新闻网站要实现商业模式的转型与创新。

上述研究，多从经济学、管理学的角度分析新闻网站市场化中的产业发展，鲜有分析市场化背景下的新闻生产。

作为上市新闻网站中的一员，荆楚网虽然也受到一定的关注，但并未深入，国内相关的研究文献较少。还有一个值得关注的现象，对于荆楚网的研究性文章多发表在湖北日报集团主办的《新闻前哨》上，作者以荆楚网内部员工为主，多是内部视角，缺乏宏观视野；多为着眼当下，缺乏历时性反思；多为一般性经验介绍，缺少学术思考，故而本书在文献综述中予以忽略。

第四节　已有研究的不足和可以拓展的空间

从更加宏观的政治经济学理论视野看：对社会生活中的控制与生存进行的研究……控制过程大致是政治性的，因为它们涉及了一个社群内各种关系的社会性组织。生存过程从根本上说则是经济性的，因为它们涉及了生产和再生产。[①]

综观当今新闻生产社会学的研究，多数学者仍然采用个体、群体和组织的社会学视角，对于外部政治环境和经济环

---

① ［加］文森特·莫斯可：《传播政治经济学》，上海译文出版社1996年版，第26页。

境的考量，对于以权力关系为主的各种社会关系对新闻生产影响的揭示，尚有明显不足，缺少经济理性与政治理性的双重反思。

我国媒介政策虽然在不同时期具有不同的目标与重点，但概括起来基本都涉及政治、经济与文化之间的权重问题。媒介资源的生产、分配与消费，关乎经济的发展，关乎文化的振兴，关乎政治的稳定。相关政策与制度的制定、变化，及其在媒介产业中的践行、效果，这一切都应是媒介政治经济学——也是广义媒介社会学研究的范围。可能由于无法避免的批判路径，许多学者回避了对相关问题的深入研究和话语表达。但是，因为中国的新闻网站是在政策推动下的市场化进程，不是基于经济发展而产生的自发市场化，这是与西方媒体市场化进程的明显差异，所以，对媒介政策与新闻媒体的市场化进程的关系研究，对政策推动下的市场化对新闻生产影响的研究，应该是当下中国媒介研究不应回避的问题。

从媒介社会学的视角看，传媒的市场化问题无法回避媒介场、政治场、经济场这几大场域之间的互相作用。而且，包括媒介场的所有场域的运行，都在其从业人员的惯习中展开。在一个各级相互联系且不断变化的动态结构中，各场域从业者的惯习不断变化，并且对所在场域施以能动的构造力。因此，布尔迪厄场域视角下的媒介社会学理论，在当下到可以预见的未来之间对中国媒体市场化进程都具有很强的解释力。中国媒体的市场化进程是一个权力关系变化的进程，是一个场域博弈格局不断变化的进程，也是媒介场惯习不断变化的进程，更是不同资本属性演变消长的进程，媒介政治经济学和场域视角下的媒介社会学，完全有理由、有必要也有可能基于对当下媒介市场化的动态现实情景的研究而融会贯通，形成一些更具解释力的新闻生产社会学研究成果。

令人欣慰的是，在这方面已有学者开始了可贵的努力。但是，对于业界发展的前沿问题关注面依然较窄。从研究角度上看，对于中国传媒体制改革特别是上市企业的研究，目前从经济学、管理学的角度分析其产业发展的较多，但分析其新闻生产的较少。从研究对象上看，目前，对网络媒体新闻生产的个案研究，大部分流于一般层面的经验性描述。而且，大多数研究者持续地把目光集中在新浪等商业门户网站，对作为国有媒体的新闻网站关注不多。因为中国新闻网站的上市是2012年之后的事情，所以目前系统研究新闻网站上市现象的重要文献还相当缺乏，更缺乏对上市后新闻网站新闻生产现状的深入研究，对地方新闻网站上市的研究尤为不足。

与商业网站相对应，类似荆楚网这样率先进行市场化探索、推进市场化进程的国有地方网站，在新闻生产实践中，其运行模式发生了怎样的调整？各个场域之间的博弈如何消长？上市后党管媒体与资本属性有着怎样的冲突？而身处其中的新闻从业人员又在如何调适自己的惯习？我们既可以进行细致入微的个案解剖，更需要退回一步，从当下中国媒体在市场化进程中的失衡与再平衡这一宏观视野，思考许多问题。如：媒体的政治理性、文化理性和经济理性如何平衡？经济利益与公共利益如何平衡？市场化规律与现有管理规制如何平衡？政府、市场、媒体与公众的关系又如何平衡？

上述新闻生产社会学领域研究的缺失或不足，正意味着此项研究可以拓展的空间。在中国，新闻网站的市场化，不仅有着区别于西方的发展路径，更是多重因素共同交织推动的结果。因此，本书聚焦中国新闻网站上市现象，以首家上市的国有省级新闻网站荆楚网为个案，用"场域"视角下的媒介社会学，分析中国语境下市场化背景中的新闻生产，思考中国新闻媒体在市场化进程中的失衡与再平衡，希望为中国构建新型主流媒体提供经验，也能丰富现有新闻生产理论成果。

第三章　国家政策推动下新闻网站的市场化进程

　　媒体市场化的核心是将市场经济机制引进新闻传播领域。中国媒体尽管在20世纪90年代走向市场化，但其市场化道路并非像西方媒体那样源自经济的发展和竞争的加剧，而是有着自身的特殊性。这其中，国家政策的推动起到了关键性作用。

　　新闻政策是政党、政府对新闻事业规定的活动准则，也是理解媒体发展的一个重要视角。本章通过梳理近20年来与新闻网站相关的主要国家政策，以期回答以下问题：在国家政策的演进中新闻网站有着怎样的市场化历程？国家政策与新闻网站的市场化有着怎样的关系，又存在怎样的冲突？在这个过程中，又如何埋下了新闻失衡的伏笔？

第一节　政策演进中新闻网站的市场化进程

　　中国网络媒体的不断发展壮大，与国家政策的扶持与指导密不可分。彭兰将其比喻为"政策法规为中国网络媒体搭建舞台"。以下重点分析在这一舞台上，我国新闻网站在政策推动下的市场化进程。

新闻网站由于是传统媒体所创办，从一开始就奠定了其角色定位——党和政府的"喉舌"和宣传工具。作为市场化生存的新闻网站，首先且始终是党报体系的延伸，因而在诞生之日起就受到国家政策的规制。同时，又因为新闻网站肩负着传统媒体体制改革试验田的重任，国家政策又不断推动其加速市场化进程。

我国新闻网站市场化的政策演进，大致可以分为3个阶段。需要指出的是，政策演进是一个渐变与连续的过程，并没有完全清晰的时间节点，我们通过政策的出台与媒体的响应进行大致区分。

一、严格限制期：作为事业单位的新闻网站（2000—2004）

新闻网站是在作为事业单位的党报体系中诞生的。1994年4月，中国正式接入国际互联网。1995年1月，《神州学人》杂志触网；1996年12月，中央电视台触网；1997年1月1日，人民日报触网；1997年11月，新华网上线，中国媒体开始了互联网发展之路。这时，新闻网站的发展主要处于一种自发的状态，在作为事业单位的党报体系的母体上生长。

2000年，湖北省委宣传部召开座谈会，筹建湖北第一家新闻门户网站。湖北省委宣传部授权湖北广播电视台旗下的湖北中广信息传播中心负责网站的建设，网站名称为"荆楚新闻网"，网站域名为：www.99sky.com，这就是荆楚网的前身。网站定位为"连接世纪的桥梁 打开湖北的窗口"，网站主要刊登有关湖北的时政、民生信息。

与同一时期的商业网站相比较，荆楚新闻网的内容设置相当丰富全面，当时设有新闻、论坛、视听在线等10个频道，其中仅新闻频道就开设有12个栏目。

在来源上，荆楚新闻网的新闻内容主要来源于湖北广播电视台新闻中心，同时也转载《湖北日报》《楚天都市报》等媒体的新闻，每天早晚更新两次，每天大约更新新闻700—800条。荆楚新闻网设有论坛，但是没有分版块，日均论坛发帖量为600—800篇，最高达到千余篇。为了获得更多的新闻资源，荆楚新闻网在全省建立了地区综合信息平台，全省有大约80余家县市的新闻单位加入该平台，当地的新闻信息能实现当地采编，然后由荆楚新闻网集中审发，极大提高了网站新闻信息的时效性。

对新闻网站的市场化，国家政策采取严格限制的姿态。在这一时期，虽然新闻网站的发展已经进入中央决策视野，已被纳入国家发展战略，如1999年和2000年，中央分别下发了《中央宣传部、中央对外宣传办公室关于加强国际互联网络新闻宣传工作的意见》（中央33号文件）和《国际互联网新闻宣传事业发展纲要（2000—2002）》，鼓励中央和地方全面发展新闻网站。但是，2000年7月17日，中宣部召开会议，要求新闻网站不得融资，不得上市，因此，新闻网站的市场化进程尚未展开。

也是在这样的背景下，当时的荆楚新闻网没有成为市场主体，没有进行商业化运作，发展十分缓慢。网站运营主要依靠湖北省政府新闻办拨款和湖北广播电视总台旗下湖北中广信息传播中心传呼业务的部分盈利来支撑，因此在人才招聘、网站经营上一直捉襟见肘。访谈样本5回忆说：

> 荆楚新闻网一直没有成为独立的市场主体，甚至连公章都没有，与其他单位或公司开展合作，只能与中广公司签合同。

作为湖北第一家新闻门户网站，荆楚新闻网名为企业，其运营更像事业单位，虽然是新闻传播和舆论引导的主阵地，但没有市场竞争力。

在新闻网站只靠财政拨款，被缺乏盈利模式束缚住手脚时，同期的商业网站却蓬勃发展，并且纷纷建立起多元化、多层次的盈利模式，新闻网站在这场市场竞争中远远落败，且差距日渐扩大。

二、鼓励探索期：新闻网站的市场化尝试（2004—2009）

面对新闻网站的发展困境，国家开始考虑鼓励新闻网站进行市场化改革。早在2001年8月，国家广电总局、新闻出版总署就共同发布《关于深化新闻出版广播影视业改革的若干意见》（中办17号文件），文件中明确提出：按照专业分工和规模经营要求，运用联合、重组、兼并等形式，组建一批主业突出、品牌名优、综合能力强的大型集团；促进跨地区发展和多媒体经营，提高产业集中度等。这些提法意味着中国媒介将顺应市场经济的要求，初步尝试按照企业发展的模式重新定位。其中定位"把新闻网站办成思想政治工作新阵地和对外宣传新渠道"，在经营管理上"新闻网站可在新闻出版系统内融资，必要时可吸收国有大企业参股，不吸收私人资金和外资，暂不上市"。

2005年9月25日，国务院新闻办公室、信息产业部联合发布的《互联网新闻信息服务管理规定》第六条规定："新闻单位与非新闻单位合作设立互联网新闻信息服务单位，新闻单位拥有的股权不低于51%的，视为新闻单位设立互联网新闻信息服务单位；新闻单位拥有的股权低于51%的，视为非新闻单位设立互联网新闻信息服务单位。"第九条规定："任何组织不得设立中外合资经营、中外合作经营和外资经营的互联网信息服务单位。"资本构成成为判定是否属于新闻网站的一个标准。

2007年12月，中央首次提出："要加快重点新闻网站转企改制的步伐，列入改革试点的新闻网站可以尝试通过多种渠道拓展资金来源，引进国有战略投资者，在确保主办单位控股的前提下，组建股份公司，条件成熟时在国内上市。"

在这一阶段，荆楚网出现了两个标志性事件：一是确立了荆楚网的市场主体地位；二是开始了经营与内容并重的探索。

由于荆楚新闻网发展相对缓慢，2003年年底，湖北省委宣传部、湖北省政府新闻办决定面向省内新闻媒体，对"省重点新闻网站"主办权进行公开招标，并下发《湖北省新闻网站重建方案》。经过多轮激烈竞标，湖北日报报业集团最终获得了网站的主办权。2004年4月，湖北省委宣传部向全省宣传战线发出《关于由湖北日报报业集团主办"荆楚网"的通知》，并向国务院新闻办公室请示。与此同时，湖北日报报业集团成立湖北楚天传媒网络科技有限公司具体运作新闻网站。随后，国务院新闻办公室致函湖北省人民政府新闻办公室，同意荆楚网主办单位及网站名称变更。这之后，湖北省政府新闻办与湖北日报报业集团正式签订《荆楚网建设目标责任协议书》和《湖北省新闻网站重建方案》，荆楚新闻网主办权正式变更，同时网站更名为荆楚网，网站域名变更为www.cnhubei.com。

主动权变更后，荆楚网不仅在内容生产上有了长足发展，更重要的是理顺了体制机制，确立了荆楚网的市场主体地位，开始了市场化运作。2004年，湖北日报报业集团楚天广告总公司介入荆楚网分类广告，加速网络广告介入行业广告的步伐，为荆楚网收入增长打下基础。当时负责荆楚网广告业务的员工曾经在文章中自豪地写道，"荆楚网广告实行集团化经营。在湖北日报报业集团挂牌时，集团所有十几家媒体的广告都由楚天广告总公司统一经营，这样，传统媒体强大的客户资源就成为网络广告的潜在客户资源"。①

回顾这一阶段荆楚网的发展，可以清晰地看到，根据国家政策调整的风向标，荆楚网顺应国家政策要求，按照企业模式重新定位以适应市场化进程的尝试，走出了关键的两步。

一是主管部门开始重视地方新闻网站的市场化，而不是仅仅作为一个宣传窗口。2003年年底，考虑到荆楚网经营困难、发展缓慢，湖北省委宣传部和湖北省政府新闻办决定面向省内新闻媒体，对"省重点新闻网站"主办权进行公开招标，将主办权变更为湖北日报报业集团，这一变更，主要是考虑到湖北日报报业集团更有实力办好荆楚网，也让荆楚网作为省级重点新闻网站的定位更加清晰。

二是湖北日报报业集团取得荆楚网主办权后，即从2004年

---

① 雷杉、孙方生、孙林：《荆楚网的经营策略》，《新闻前哨》2012年第6期。

进行公司化运作，使荆楚网由一个纯粹的事业单位变成企业，确立了荆楚网的市场主体地位，开始了经营与内容并重的探索。市场主体地位的确定，为荆楚网之后的转企上市确定了逻辑起点。

对资本进入的限制使得我国很好地保护了新闻网站等媒介所有权仍然由国家资本控制。但随着互联网的飞速发展，新闻网站如何在激烈的市场竞争中做大做强，必须直面上市融资等市场化发展手段。

三、推进改制期：新闻网站的重组与上市（2009—2015）

新闻网站的重组与上市的国家政策在不断演进。早在2006年，中共中央、国务院就发布《关于深化文化体制改革的若干意见》，这是深化我国文化体制改革的纲领性文件，提出："新闻媒体要优化组织结构，整合内部资源，转变经营方式""新闻媒体中的广告、印刷、发行、传输网络部分……可以从事业体制中剥离出来，转制为企业，为主业服务""剥离出来的企业作为独立法人，自主经营，自负盈亏，其国有股份收益为出资人宣传主业和企业扩大再生产服务""加快产权制度改革，推动股份制改造，实行投资主体多元化。符合上市条件的，经批准可申请上市"。这些规定消除了政策障碍，为传媒市场主体形成提供了规制和依据，为传媒业的改制上市提供了良好、有力的政策支持。

同期，国家"十一五"文化发展规划纲要明确提出，"要加快建设一批综合实力强、在国内外有广泛影响的新闻网站，形成若干个与我国地位相称的、具有较强国际竞争力和影响力的综合型网络媒体集团，争取其中一到两家重点新闻网站进入世界前列"。

党的十七大召开之后，新闻网站的资本管制政策开始有所松动。2007年12月，时任国务院新闻办公室副主任蔡名照就表示，要加快重点新闻网站转企改制的工作步伐，列入改革试点的新闻网站可以尝试多渠道拓展资金来源，引进国有战略投资者，在确保主办单位控股的前提下，组建股份公司，条件成熟时在国内上市。

2009年9月21日，中央外宣办印发了《重点新闻网站转企改制试点工作方案》，确定了以下十家重点新闻网站作为第一批转企改制试点名单：人民网、新华网、央视网、北京千龙网、上海东方网、天津北方网、湖南华声在线、浙江在线、山东大众网、四川新闻网。截至2016年10月底，这十家试点单位中已经有人民网、新华网、上海东方网、天津北方网四家新闻网站上市。

2009年10月，国务院新闻办公室（中央外宣办）在北京专门召开会议，部署启动了重点新闻网站转企改制试点工作。会议要求，2010年上半年，试点网站依照《公司法》，按照党的领导与现代企业制度相结合的原则，建立现代法人治理结构，完成股份制改造，建立产权清晰的业务赢利模式。2010年下半年，试点网站转企改制工作全部完成。

2010年5月17号，国务院新闻办公室（中央外宣办）在湖南长沙召开了全国重点新闻网站转企改制试点工作座谈会，研究分析了转企改制工作遇到的新情况、新问题，交流了经验，部署了下一步的工作。会议强调"转企改制的目标，不仅是要搞活机制，壮大实力，提高市场竞争力，更是要牢牢掌握网络话语权，提高网上舆论引导能力"。①

2011年4月1日，中央外宣办印发了《关于积极推进新闻网站转企改制和上市融资的意见》，确定了第二批50家转企改制的新闻网站名单，其中就有荆楚网，并提出积极吸纳国有或国有控股企业投资入股、积极扶持和推动新闻网站在国内上市、鼓励新闻网站通过兼并等方式实现跨越式发展等意见。

在政策推动下，全国新闻网站都在积极进行转企改制的探索。如：2009年1月4日，新华网IPO申请获得证监会的受理。2010年11月5日，中国江苏网完成转企改制，新组建的江苏中江网传媒股份有限公司注册资本9000万元，由新华日报报业集团、江苏广电集团、凤凰出版传媒集团、江苏省广电信息网络公司和江苏省互联网新闻中心、江苏省国信资产管理集团共同发起、新华日报报业集团相对控股。2012年4月28日，上海东方网股份有限公司正式揭牌成立，成立于2000年的东方网也完成了转企改制。2016年12月28日，上海东方网在新三板上市。

完成转企改制，形成市场主体，是上市的逻辑起点。政策明晰后，新闻网站积极申请上市，大胆投入资本市场。2012年4月27日，人民网在上海证券交易所上市交易，北京大学文化产业研究院副院长向勇评价说：人民网A股上市是2012年文化体制改革的一个标志性事件，传统国有事业单位控制的高端文化资源通过一级市场，来吸引社会资本的参与，除了经济效益

---

① 《中央外宣办简报》第134期，2010年5月24日。

外，其文化和"制度破冰"的象征意义也是巨大的。①

2014年2月14日，山东舜网传媒股份有限公司在全国中小企业股份转让系统挂牌上市，成功登陆新三板。证券代码是430658，股票名称"舜网传媒"，成为继人民网之后全国第二家上市的新闻网站。

人民网和舜网成功上市的尝试，为荆楚网的上市树立了榜样，积累了经验，也激励了荆楚网的上市步伐。

2011年5月，湖北日报传媒集团组建了荆楚网转企改制领导小组，荆楚网迈出改企上市的第一步。随后，湖北日报传媒集团对湖北楚天传媒网络科技有限责任公司（荆楚网）进行了改制重组，将集团旗下的湖北楚天手机传媒公司、湖北文谷文化产业发展公司、湖北腾楚网络公司和湖北日报数字传媒有限公司的股权注入湖北楚天传媒网络科技有限责任公司，业务、人员随资产走，构建母子公司体制。2014年7月1日，湖北荆楚网络科技股份公司在全国中小企业股份转让系统，也就是新三板上市，证券代码：830836，荆楚网成为全国首家上市的省级重点新闻网站。

需要说明的是，基于本书的研究旨趣，只重点分析与市场化进程相关的荆楚网发展历程，有些荆楚网建设中的标志性事件未曾提及（见附录六：荆楚网发展大事记）。

---

① 谢文、韩寒：《2012年新闻界十件大事》，《光明日报》2012年12月27日。

第二节 政策规制的内在逻辑与
新闻网站的现实困境

通过梳理新闻网站市场化的政策演变过程，可以看到，国家相关政策既鼓励新闻网站转企改制、推进市场化运行，又对新闻网站转企改制必须确保舆论导向作出了具体规定，并未放松管控。当新媒体发展导致传统媒体影响力日渐式微，又为拓展市场边界提供了更多可能性的情况下，如何在提升传统主流媒体的影响力的同时，又保持规制权威性和稳固文化领导权，是媒体主管部门的管理难点，也是中国媒体发展必须要面对的命题。

一、国家政策对新闻网站市场化的推进与控制

中国新闻网站的市场化，虽然也有自发的因素，但更多的是在国家政策的推动下展开的。国家政策在逐步推动新闻网站市场化的同时，又延续着既有的规制模式以保障新闻网站的发展方向。具体体现在：

一是在转企改制的基本原则中，明确提出"坚持社会主义先进文化的前进方向，坚持正确的舆论导向，牢牢把握网络文化发展的主导权；坚持把社会效益放在首位，做到社会与经济两个效益相统一；坚持以科学发展观为指导，创新内容、创新形式、创新方法、创新手段，不断提高舆论引导的权威性、公信力、影响力"。

二是在转企改制的基本工作方法中，明确提出"试点网站要按照党的领导与现代企业制度相结合原则，建立现代法人治理结构""设立公司党的组织机构，开展党的工作，公司应为党的组织活动提供必要的条件""设立编辑政策委员会，负责网站内容的审核，落实党的宣传政策，切实保证正确的舆论导向"。

三是在转企改制的工作要求中，明确提出"确保党的领导，遵循市场规律、守法守纪、合理合规""积极抢占互联网舆论制高点，迅速壮大实力，做优做大做强，增强引导互联网舆论的能力""确保互联网新闻宣传工作的领导权牢牢掌握在忠于马克思主义、忠于党、忠于人民的人手里"。

四是在引进战略投资者时，要确保由传媒集团绝对控股、主导公司经营业务。

整体上说，国家政策的解禁乃至推动，改变了新闻网站原有的封闭模式，为新闻网站的发展与创新提供了政策支持，进一步解放了新闻网站的生产力。

2016年10月28日，新华网股份有限公司董事长、总裁田舒斌对新华网在上交所上市的意义作如下评价："登陆A股市场对新华网具有重要意义，为公司未来发展提供了难得的契机。"[①]他表示，新华网上市是新华社以及新华网推动传统媒体与新兴媒体融合、打造新型主流媒体集团的重要战略举措。上市后新华网将面临第三次创业周期。

① 新华网：《借助资本活力 放大主流声音——从新华网上市看媒体加快融合发展》，见http://www.gd.xinhuanet.com/newscenter/2016-10/29/c_1119810515.htm。

二、新闻网站政策规制的内在逻辑

权威体制与有效治理，这是当代中国国家治理的制度逻辑。[①]对于新闻网站的市场化，国家政策虽然放开，但其背后的规制逻辑却未发生偏移。即如赵月枝所言，党和政府迁就国有媒体商业化与市场化的"利润追逐动机"，却始终以列宁主义的方式牢牢控制国有媒体的"党性原则"。

对新闻网站的政策规制是国家对传统媒体新闻管理政策的延续与迁徙。如第二章文献综述中的分析，在对中国新闻政策变迁的分析过程中，学者们都关注到政府、资本、技术三种力量，或者说政治性、经济性与公共性对新闻政策的影响，并认同政治性产生了最大影响。

"党管媒体"是我国传媒行业政府规制的基本原则，也是新闻网站政策规制的内在逻辑。具体体现在：

首先，在我国新闻政策变迁过程中，"党管媒体不能变"的信条从新中国成立初一直延续至今。郎劲松认为，我国新闻政策以其政治可行性为绝对价值标准，其主要目标取向是指导、组织和约束新闻媒介为党和国家的中心工作服务。我国新闻工作作为一项政治性很强的事业，它的社会主义性质和党性原则具有不可撼动的地位。

其次，"党管媒体"体现在我国新闻政策以马克思主义新闻观作为指导思想。陈力丹在《马克思主义新闻观思想体系》一书中把马克思主义新闻观作为一个完整的思想体系进行了

---

① 周雪光：《权威体制与有效治理：当代中国国家治理的制度逻辑》，《开放时代》2011年第10期。

梳理，其中包括中国共产党历届领导人的新闻观。[①] 罗以澄也指出，党的领导人的新闻理念是我国新闻思想体系的核心，据此制定一系列的基本政策，这是新闻宏观管理思路和理念"变化"背后的原因。[②]

最后，"党管新闻"通过新闻政策指导下独具特色的管理体制执行。郎劲松将我国当前的新闻管理体制概括为"双轨、分级、统一"。"双轨"，即党和政府双轨管理；"分级"即属地管理；"统一"是指统一在党的领导下和主要权力要集中在中央一级，其核心特点是"指令性"和"直接性"，决定了党和政府的绝对主体地位和新闻政策的"限权"取向。夏倩芳解读为这是一种以宣传管理为中心、行政管理为主要手段的新闻管理体系。[③] "党管媒体"是中共在延安时期传袭下来的办报传统和理念，与"全党办报"和"党办媒体"构成一整套中国式的新闻管理模式。郭海英描述了党管媒体的主要内容：一是党报与广播、电视必须坚持党的领导；二是中央宣传部及各级党委宣传部是具体的领导机关；三是各级党组中的领导关系。同时指出在中国的政治生活中，党对媒体的领导与指导主要是通过"归口管理"与领导小组制度下的宣传体系的构建与实际运行完成的。[④]

媒体的产业化、市场化最初是在国家的默许乃至政策直接推动下萌发。但在实际运作中国家规制常常陷于两难：既要

① 陈力丹：《马克思主义新闻观思想体系》，中国人民大学出版社2006年版。

② 罗以澄：《从政府—传媒关系的角色嬗变看党的执政理念创新》，2012年。

③ 夏倩芳：《党管媒体与改善新闻管理体制——一种政策和官方话语分析》，《新闻与传播评论》2004第1期。

④ 郭海英：《传媒行业政府规制体制研究》，博士学位论文，南开大学，2013年。

确保舆论主导权掌握在国有媒体手里，确保国有媒体的主导地位，又要充分运用市场机制来推动媒介产业发展；媒介既要维护党和政府服务的利益又要为公众服务；既要确保党在舆论阵地的领导地位，又要国有媒介在经济上自力更生。①

另外，政策规制本身存在的问题也需要反思。法律、行业法规、行政手段、书面或口头命令构成了我国媒介规制的基本结构。整体上看，该结构存在几方面问题：方式上，混合了正式规制与非正式规制；内容上，授权性规定少，禁止性规定多，使得媒体经营管理行为面临边界不清的尴尬；范围上，我国媒介规制尚存在诸多空白领域，导致媒体经营管理行为缺乏制度保障。②

如何在保证政治利益和国家安全的条件下，推进媒介产业集约化、规模化发展，实现政治利益、经济利益和社会效益三者间的平衡，需要政策规制的完善。这是摆在党和政府面前的一道难题。

三、稳定的规制模式与新闻网站的市场化探索

互联网不仅改变了中国的新闻传播格局，也给我国媒体规制带来了挑战。新闻网站的政策规制既沿袭了传统媒体规制的基本逻辑，又根据网络技术的特殊性增加了一些新的内容：

一是在管理原则上，提出了"积极利用、科学发展、依法管理、确保安全"③的方针，坚持互联网建设、发展与管理相

---

　　① 胡正荣、李继东：《我国媒介规制变迁的制度困境及其意识形态根源》，《新闻大学》2005年第1期。

　　② 强月新、刘莲莲：《我国媒介规制的结构、问题及制度性根源》，《武汉大学学报（人文科学版）》2015年第3期。

　　③ 《中国政府坚持"十六字方针"建设互联网》，2010年12月30日，见http://www.scio.gov.cn/xwfbh/xwbfbh/wqfbh/2010/1230/zy/Document/835941/835941.htm。

统一。

二是在管理体制上，继续沿袭"双轨、分级、统一"的体制。从1996年成立国务院信息化工作领导小组办公室到2012年成立国家互联网管理办公室，近20年来中国互联网管理机构的变迁，其轨迹是从"九龙治水"的分权到集权（见表3-1），互联网管理部门一直作为中央直属机构，由党和政府牢牢掌控。当前，笔者查阅国家互联网管理办公室官方网站了解到，中华人民共和国互联网管理办公室又称中共中央网络安全和信息化领导小组办公室，而中共中央网络安全和信息化领导小组是由习近平总书记亲任组长。同时，在网络管理中继续沿袭分级管理体制，强调"属地管理、守土有责"。2012年以来，中央、省、市、县四级互联网管理机构基本到位。

表3-1　我国互联网管理相关机构沿革

成立时间	部门名称	主管部门
1996年10月	国务院信息化工作领导小组办公室	国务院信息化工作领导小组
1997年6月	中国互联网络信息中心（CNNIC）	国务院信息化工作领导小组
1998年3月	信息产业部	国务院
1998年8月	公共信息网络安全监察局	公安部
2000年4月	网络新闻管理局	国务院新闻办公室
2008年3月	工业与信息化部	国务院
2011年5月	国家互联网信息办公室	国家信息化领导小组

三是在作为媒体的互联网内容管理上，提出与传统媒体的导向管理同一标准。钟瑛、刘瑛分析，对大众媒介的控制性管理，是我国传统媒体政策的核心。互联网的媒介属性，其强大的导向意识形态的潜力，使得对其进行控制性管理是我国政府的必然选择。2004年9月，党的十六届四中全会指出："高度重视互联网等新型传媒对社会舆论的影响，加快建立法律规范、行政监管、行业自律、技术保障结合的管理体制，加强互联网宣传队伍建设，形成网上正面舆论的强势。"[1]这种以控制与导向为主的思想，就是目前我国政府互联网管理的基本思想。2014年2月27日，习近平总书记在中央网络安全和信息化领导小组第一次会议上的讲话中提出"做好网上舆论工作是一项长期任务，要创新改进网上宣传，运用网络传播规律，弘扬主旋律，激发正能量，大力培育和践行社会主义核心价值观，把握好网上舆论引导的时、度、效，使网络空间清朗起来"。[2]

2015年10月，中央网信办副主任任贤良撰文指出，"必须按照党管媒体的大原则，新闻导向管理必须经由传统媒体原有平台向新兴媒体平台延伸"，新兴媒体与传统媒体虽然形式上差异巨大，但舆论导向这个"神"浑然一体，形成导向一致、形新神定的新局面。[3]

2016年2月29日，习近平总书记在党的新闻舆论工作座谈

---

① 新华网：《中共中央关于加强党的执政能力建设的决定》，见http：//news.xinhuanet.com/zhengfu/2004-09/27/content_2027021.htm。

② 中国共产党新闻网：《习近平主持召开中央网络安全和信息化领导小组第一次会议》，见：http//cpc.people.com.cn/n/2014/0227/c64094-24486402.html。

③ 任贤良：《导向一致　形新神定——关于传统媒体和新兴媒体统筹管理的思考》，原载《红旗文稿》，光明网理论频道2015年10月24日转载，见http://theory.gmw.cn/2015-10/24/content_17468356.htmhttp：//theory.gmw.cn/2015-10/24/content_17468356.htm。

会上提出："要把党管媒体的原则贯彻到新媒体领域，所有从事新闻信息服务、具有媒体属性和舆论动员功能的传播平台都要纳入管理范围，所有新闻信息服务和相关业务从业人员都要实行准入管理。"①

但是，网络媒体毕竟与传统媒体的运行方式有较大不同。

首先，由于网络媒体无法在准入资格上照搬传统媒体进行严格控制，从而导致当前我国网络媒体在构成成分上较为复杂，必须采取分类管理的方式。

在我国，传统大众媒体是党的喉舌，政治属性是其基本属性，如前所述，即使我国新闻政策允许媒体"事业性质，企业化运作"，开始注重其经济属性，但"党管媒体"这一大方向和原则始终没有改变，即采编权不能丢，资产控制不能丢，人事权不能丢。因此，传统大众媒体的创办，要经过严格的事前审批，能够从创办设立到日常运作监管都实行一条龙式管理，这种封闭式纵向管理，使其日常运作监管容易操作，如内容审查、资源控制、违纪违规的处罚等，均可通过简单的政策指令解决。

可是，由于网络媒体市场化的程度远远高于传统媒体，加之网络技术出现之初，政府对其媒体功能重视不够，在网站创办准入资格上的管理相对宽松，"国家对经营性互联网信息服务实行许可制度；对非经营性互联网信息服务实行备案制度"。②事实上，在网站创办管理上，这种较为宽松的准入政策，由于网络技术的原因，在具体实施中既无法一一审批，

---

① 中共中央文献研究室编：《习近平总书记重要讲话文章选编》，党建读物出版社、中央文献出版社2016年版，第422页。

② 2000年9月25日国务院发布的《互联网信息服务管理办法》第四条。

也没有全部备案，网站创办较低的准入门槛，使个人建站也很方便。

为此，我国政府在网络管理中摸索出了分类管理的管理方式，一是区分经营性网站与非经营性网站，经营性网站执行许可制，非经营性网站则备案即可；二是区分媒体网站与非媒体网站，媒体网站经批准可以从事登载新闻业务，[①]非媒体网站不得登载自行采用的新闻和其他来源的新闻。[②]

其次，随着网络技术的不断进步，各类自媒体不断出现，导致网络传播信息的海量增长，而且，网络传播去中心的分散性特点也使"党管媒体"无法落实到所有传播信息的管理中，必须重横向的社会监督与个体自律，强化网络主体责任要求。为此，中央网信办自2012年成立以来出台了系列文件（见表3-2），而分析这些文件的主要内容，是重在强化发布信息者的主体责任。

表3-2　中央网信办近年发布的部分政策法规

发布时间	名　　称
2014年5月10日	关于加强党政机关网站安全管理的通知
2014年8月7日	即时通信工具公众信息服务发展管理暂行规定
2015年2月4日	互联网用户账号名称管理规定
2015年2月16日	关于印发《互联网危险物品信息发布管理规定》的通知
2015年4月28日	互联网新闻信息服务单位约谈工作规定
2015年4月30日	关于变更互联网新闻信息服务单位审批备案和外国机构在中国境内提供金融信息服务业务审批实施机关的通知

---

①　2000年11月6日国务院发布的《互联网网站从事登载新闻业务管理暂行规定》第五条。

②　2000年11月6日国务院发布的《互联网网站从事登载新闻业务管理暂行规定》第七条。

与此同时，"融合发展"与"打造新型主流媒体"被提升到党和国家的决策层面。2014年8月18日，中央出台了《关于推动传统媒体和新兴媒体融合发展的指导意见》，要求打造新型主流媒体，形成立体多样、融合发展的现代传播体系。从文件表述可以看出，"推动传统媒体和新兴媒体融合发展"是手段，"形成现代传播体系"是目标，"打造新型主流媒体"是当前主要任务。

2016年2月19日，习近平总书记调研人民日报社、新华社以及中央电视台，再次强调推动融合发展，构建舆论引导新格局。[①]

在全国各地迅速贯彻落实《意见》的过程中，各级传统媒体所办的新闻网站成为各级党委政府推动媒体融合发展的桥头堡和实验室，抢抓媒体融合各项支持性政策，成为新闻网站发展的最大利好。实现传统媒体和新兴媒体深度融合，既需要党和政府的顶层设计，也需要新闻网站的先行先试。

当前媒体格局、舆论生态、受众对象、传播技术发生了深刻变化，尤其互联网正催发一场前所未有的媒体变革，形成既彰显主流媒体品格力量，又符合新兴媒体特点规律的传播新格局势在必行。2016年10月28日，新华网在上交所成功上市。业内认为，成功上市既倒逼新华网公司化、规范化、市场化进程，又通过推进科技、资本、人才与传媒的深度融合，使传播力、影响力更大。对新华网的控股股东新华社而言，此次对接资本市场同样意义重大。希望借助资本的活力，拥有85年历史的新华社建设国际一流的新型世界性通讯社的进程有

---

① 新华网：《与党和人民同呼吸，与时代共进步》，见http：//news. xinhuanet.com/politics/2016–02/20/c_1118106530.htm，2016。

望提速。[①]

第三节　失衡是如何发生的？

市场化本来是与"政府控制"相对应的概念，意识形态主导型的新闻业本来可以不计成本地进行宣传和舆论引导，并不需要推进市场化。

但是，由于互联网的蓬勃发展，主流意识形态"一元化"生产格局和"灌输式"供给模式已经不能达成党和国家的意识形态目标。因此，政府选择了市场化这个政策工具，鼓励新闻网站转企改制、以市场配置资源为基础，在市场竞争中做大做强、从而增强其舆论引导能力。

但在实际运作中，国家政策常常陷于"推进与控制"的两难：既希望新闻网站做大做强，获得市场利润；又希望提高舆论引导力、获得政治宣传的最大效益，确保国家在舆论场中的绝对话语权。从而，新闻网站在政策推动下进行的市场化进程中也会无所适从：既要服务于党和政府，又要服务于公众，还要在激烈的市场竞争中赚钱以求生存。

在市场化进程中，新闻网站从转企改制到上市进入资本市场，其新闻失衡已经埋下伏笔。因为，在政府、媒体与公众三者之间，理想的状态应该是良性的相对平衡，市场化使经济场

---

①　综合自新华社上海2016年10月28日电《借助资本活力　放大主流声音——从新华网上市看媒体加快融合发展》，见：http://www.gd.xinhuanet.com/newscenter/2016-10/29/c_1119810515.htm。

域对媒体的作用加剧，客观上打破了原有的平衡。这一变化过程对新闻生产的影响如何？新闻生产在这个过程中是否失衡？如何经过政府、媒体和公众的共同努力再次形成新的相对平衡？这是我们以下章节中需要重点讨论的内容。

失衡与再平衡——中国新闻网站上市现象研究

第四章　新闻生产的理念变革与策略选择

　　在媒介市场化的过程中，媒介所具有的意识形态被混合了，媒介已经成为意识形态竞争与意义重建的场域，既有共产主义的革命话语，也有市场化的实用话语。[①]同时，媒介的公共服务功能与商业逐利取向始终交错并行。

　　荆楚网的上市是国家政策推动下的市场化，但国家政策的目标并不是完全市场化，而是做强网站以扩大舆论影响力从而实施有效的宣传。在政治场、经济场和媒介场的博弈中，荆楚网在新闻生产中，会出现怎样的理念变革，有怎样的策略选择，是本章深入探讨的问题。

---

　　①　李金铨：《超越西方霸权：传媒与文化中国的现代性》，牛津大学（中国）出版社2004年版。

第一节　宣传理念的变革：
主题宣传的可接受性

主题宣传是媒体进行舆论引导的重要方式，是党和政府对媒介管理的直接体现。通俗地说，就是媒体围绕党和政府的中心工作、战略思想和决策部署进行集中报道。

荆楚网新媒体集团作为湖北日报传媒集团全资控股的新三板挂牌上市公司，在上市后对主题宣传如何看待、如何实践，是我们考察荆楚网宣传功能的重点内容。

研究发现：荆楚网在市场化进程中，特别是在新三板挂牌上市以来，其宣传功能并未削弱，宣传的重要性也未被忽视，但在宣传理念与策略上发生了较大变化，在编排上更加强调创意策划，在内容上更加强调提升新闻原创能力，在表达方式上更加强调适应介质变化，力求改造后的宣传产品能够兼顾导向的正确与内容的吸引力，能够被受众愉快接受，能够具有商品的交换价值，从而能够兼顾社会效益与经济效益。

主题宣传的核心，是进行政治思想传播。但新媒体传播的感性特征与传播主题的严肃理性、新媒体受众的大众性与宣传内容的政治性、新媒体的技术与主题宣传附加的意识形态性，都存在着一定的矛盾。那么，如何让政府和受众都满意呢？荆楚网围绕增强主题宣传的可接受性，提出了"主题宣传的网络化表达"，以适应网络时代的受众需求。具体操作手法有：

一是新闻性宣传。把"希望读者知道的新闻"变成"读者希望知道的新闻"，提供信息解读+信息服务，经过视觉效果的处理软化稿件，获得可读性与易读性。

二是抽象主题具体化、人情化、故事化。通过讲故事，将硬性的政治宣传转换成充满阅读趣味的社会新闻。如：体现社会主义核心价值观的典型宣传。

我们将通过典型案例的分析，解读荆楚网"主题宣传网络化表达"的具体操作策略。

一、全省"两会"报道：主题宣传的信息化

每年全国、全省人大和政协都要召开年度会议（以下简称"两会"），这是各媒体新闻生产的竞技场，也是对各媒体主题宣传能力的集中检阅。

命题作文如何出彩？以2015年1月26日至1月31日湖北省十二届人大三次会议与省政协十一届三次会议召开期间的报道为例，荆楚网在全省"两会"报道中使用的主题宣传网络化改造主要方法，就是软化稿件，尽量做成新闻性宣传：

首先，在PC端推出系列原创图说专栏。以图表、漫画等形式，以可视化的方式，将枯燥深奥的文字数据，转化为图像和图形，激发起网友的阅读兴趣。

如："报告解读"，连续推出《湖北80多万个"新饭碗"从何而来》《湖北新政绩观：政府兜里10块钱7块多用于民生》《湖北良方良药阻断"穷二代"》等深度报道，将政府工作报告中的一系列数字和散见在各处的关键话语，穿针引线，前后串联，抽丝剥茧，深入解读。

"寻找湖北下一个"，通过生动形象的图片和条理清晰的

文字，从三千亿城市、百强县市、改革重点、攻坚难点、千亿产业、生态亮点、消费热点、增长支点等十个方面对报告进行了创新性解读。

"秸秆禁烧"专栏，通过《一张图告诉你秸秆如何诱发雾霾》《秸秆禁烧的十大理由》《秸秆综合利用湖北路在何方》《这些年人大出台过哪些重大决定》等系列报道和系列评论、图说新闻，将枯燥的立法内容形象化。

其次，在移动端充分尝试了主题宣传传播介质的创新：

一是重要节点实行移动端同步直播。"两会"期间，政协、人大开幕式，以及会议重要节点，"动向"和"神码"两大客户端进行图文、视频同步直播，开创了移动新媒体报道"两会"的先河。

二是重视用户的阅读体验。创新运用HTML 5表现形式，制作手机版"湖北省政府工作报告"，通过精致的图文和酷炫的动态效果，为新媒体读者带来全新阅读体验。手机版政府工作报告一经发布，就在微信朋友圈里成为传播热点，点击量超过10万次，点赞逾16000次，被许多代表委员和网友收藏并称赞为今年最生动、方便的报告解读。

三是尝试手机游戏嫁接主题宣传。策划"两会最强大脑PK喊你来答题""晒收入比排名"等多个不同风格的手机游戏，将以往严肃难懂的报告数字和工作总结制作成10道趣味考题，让网友在轻松游戏中，记住湖北2014年来之不易的诸多成绩；通过晒收入的互动游戏，查看个人在省内的排名情况，更加直观地引导网友理解湖北2014年城乡居民收入数字的含义。这些互动游戏共吸引超过10万人次参与，激发了年轻人关注"两会"的热情。

综观此次报道，在具体操作手法上充分体现了主题宣传网络化表达这一思路：一是综合运用全媒体手段特别是最新技术进行表达形式的创新；二是站在网民的角度做好信息化解读，将宣传融入信息服务中，使新闻与宣传真正融为一体。三是充分发挥网络媒体有别于传统媒体的互动功能，让主题宣传不再是"我说你听"的单向传播。

通过主题宣传的信息化，荆楚网既获得了党和政府认可的政治资本，又获得了受众点击率这一直接可转换的经济资本。

二、"抗战口证大抢救"：主题宣传的故事化

逢五逢十的重大纪念日主题宣传是新闻媒体可遇不可求的新闻富矿，2015年是中国人民抗日战争暨世界反法西斯战争胜利70周年，势必引发一场媒体大战。荆楚网精心组织策划了"抗战口证大抢救"活动，用现实讲述历史，使抽象主题形象展现，将主题宣传巧妙转换成人情味故事。

经历八年抗战的老人们在不断逝去，为抢救那些即将消失的抗战记忆，荆楚网于2014年7月7日起组织开展了"抗战口证大抢救"活动，面向全球征集、公布侵华日军暴行史料。一年多来，荆楚网的记者们分赴广东、江苏、湖南、上海等地，及湖北省内武汉、黄冈、孝感、黄石、荆州、宜昌、咸宁等各县市，先后采访30余位亲历抗战的老人，记录下一大批珍贵的文字、图片和视频资料。

在这次记录的抗战"口证"史料里，既有抗战参与者老兵们的口述，例如《92岁原敢死队队员：冲锋四次留五处伤痕》《90岁远征军老兵：亲眼目睹战友被飞机炸死》《95岁情报

尖兵郭诚：日军杀人连子弹都不用》《陈震武：鬼子屠村几无活口 尸横遍野惨不忍睹》等；也有抗战见证者普通民众的回忆，例如《96岁老人忆武汉空袭 汉正街成亡国奴难民营》《87岁妹妹追忆武汉空战英烈安家驹》等实录报道。

　　据不完全统计，荆楚网发布的这些文字、图片、视频、贴文等，在互联网上累计被浏览逾千万次，被各类网站转载逾5000次。这些口证实录，以不容辩解、铁一般的事实，证明了侵华日军犯下的滔天罪行，也记录了中国军民奋起抗击的英勇事迹，为当代及后代中国人留下了宝贵的历史记忆和鲜活的教育素材，传承了中华民族伟大的抗战精神。从2014年收集口证开始，到一年后的抗战胜利70周年纪念日时，陆续有口证讲述人与世长辞或病危病重，更加凸显口证大抢救的历史意义。

　　2014年9月2日，荆楚网将首批"抗战口证大抢救"史料捐赠给武汉革命博物馆；2015年8月14日，荆楚网将"抗战口证大抢救"史料捐赠给湖北省博物馆；2015年8月19日，捐赠给北京中国人民抗日战争纪念馆，并获得《捐赠证书》。

　　在这次主题宣传中，荆楚网通过"抗战口证大抢救"这一事件策划，以亲身经历过抗日战争老人们的口述，通过一个个的故事重现重大历史事件，使一个抽象的主题得以形象地表现，巧妙地将主题宣传转换成富有人情味的社会新闻，而且最后通过向各级公办博物馆的无偿捐赠，使这一主题宣传公益化，从而既获得了政治资本，又获得了社会资本，而这两种资本，都是可以在市场化进程中转换成经济资本的。

三、"信义夫妻"的典型宣传：抽象概念的具体化

2015年1月12日，一位来自湖北小城应城的普遍打工者邓双生，在妻子何运香被撞身亡后，做的第一件事，是按照妻子的遗嘱，召集来和妻子一起做环卫工作的32位工友，如期结薪。

1月13日以来，荆楚网要闻中心与湖北日报社会新闻中心报网联动，持续关注"信义夫妻，生死践诺"，挖掘其背后故事与精神，讲述了"信义夫妻"生活和工作中的点滴故事，将两人的事迹通过图文、视频、漫画、图说新闻、大数据解读等多种形式，进行全媒体传播，反映凡人大义。

截至1月22日，"信义夫妻"相关新闻被新华网、人民网、环球网、凤凰网、新浪网等300余家网站转载，新华社、人民日报、中央电视台等持续跟进报道，1000万网友点赞新浪、腾讯微博，网友评论近万条，网友自发建立网上"信义女工何运香纪念馆"①。荆楚网、大楚网联手发起的公益捐款，为邓双生募集爱心款5万余元。网民担忧"信义夫妻"孩子学费无着落，校方承诺减免。其家乡应城的干部来汉慰问"信义夫妻"，帮助其解决后顾之忧。1月23日，邓双生、何运香夫妇被评为荆楚楷模；3月3日，中央文明办发布2月"中国好人榜"，邓双生、何运香夫妻榜上有名。

查阅荆楚网的网络专题《信义夫妻》②，共有44篇报道，笔者根据内容做了分类，见表4-1：

---

① 荆楚网：《网友自发建立网上"信义女工何运香纪念馆"》，2015年1月15日，见http://news.cnhubei.com/xw/sh/201501/t3156036.shtml。

② 专题地址：http://news.cnhubei.com/xw/2015zt/hbxyfq/。

表4-1 荆楚网专题《信义夫妻》相关报道

报道内容	刊发时间	标题
事件本身	2015年1月13日	湖北再现信义夫妻：女工头被撞身亡 夫含泪给工友结薪10万
	2015年1月16日	工友工资全部发放完毕 邓双生：没辜负妻子遗愿
	2015年1月16日	湖北"信义夫妻"交通事故认定书公布 肇事司机负主要责任
	2015年1月16日	信义夫妻应城老家住所：为省钱少砌一面墙（图）
	2015年1月17日	应城千余群众自发迎接信义妻子何运香魂归故里（图）
	2015年1月17日	信义妻子何运香遗体低调火化送回家乡
	2015年1月20日	"信义夫妻"工友出院 盼肇事方尽快解决赔偿
	2015年2月4日	"信义夫妻"女婿接手岳母零工队承诺传递信义正能量
亲友声音	2015年1月16日	亲人眼中的何运香：有情有义 硬气而有孝心
	2015年1月16日	工友忆信义妻子何运香：干活冲在最前头 从不少发一分钱
	2015年1月16日	亲友村民设灵堂迎接何运香 盼好人魂归故里
	2015年1月22日	工友回忆何运香：她是个助人为乐的人
政府反应	2015年1月14日	汉阳区城管委慰问邓双生 批其长假处理后事
	2015年1月16日	汉阳区慰问信义夫妻 邓双生惦记受伤工友婉拒慰问金
	2015年1月16日	信义夫妻事迹在家乡引热烈反响 官方：将开展系列学习活动
	2015年1月16日	应城干部来汉慰问信义夫妻 助其解决后顾之忧
媒体行动	2015年1月16日	多家央媒聚焦"信义夫妻"跟进报道女记者泪洒当场
	2015年1月21日	"信义夫妻"送锦旗 感谢媒体倾情帮助
	2015年1月21日	荆楚网联合腾讯公益为"信义夫妻"开辟捐款通道
	2015年1月22日	从事新闻工作18年 仍被"信义夫妻"的凡人善举感动
	2015年1月22日	用新媒体手段推广"信义夫妻"精神 传播信义之花

报道内容	刊发时间	标题
社会反响	2015年1月16日	网民担忧信义夫妻孩子学费无着落 校方：将减免
	2015年1月16日	网友自发建立网上"信义女工何运香纪念馆"
	2015年1月16日	湖北信义夫妻事迹引热议网民：把悲伤留给自己的好人
	2015年1月16日	孙东林委托信义兄弟基金会看望慰问邓双生（图）
	2015年1月16日	"信义夫妻"引发微博热议 感动百万网友齐点赞
	2015年1月17日	"信义夫妻"正能量传递：荆楚网网友自发慰问邓双生
	2015年1月20日	全国道德模范热议信义夫妻 号召社会传递诚信精神
	2015年1月21日	网友倾情解囊捐助"信义夫妻" 8天募齐5万元
	2015年1月22日	"信义夫妻"很好地践行了社会主义核心价值观
	2015年1月22日	"信义夫妻"体现"追求卓越"的武汉城市精神
	2015年1月22日	孙东林欲携手邓双生传递信义火炬
	2015年2月4日	湖北6家医院为"信义夫妻"零工队义诊 提醒农民工定期体检
各方热议	2015年1月22日	向"信义夫妻"学习座谈会召开 各方齐赞凡人义举
	2015年1月22日	"信义夫妻"是应城人的道德典范
	2015年1月22日	严惩恶意欠薪者是对"信义夫妻"的最大报答
	2015年1月22日	"信义夫妻"是核心价值观的参与和践行者
	2015年1月22日	社会需要"信义夫妻"的正能量
	2015年1月22日	"信义夫妻"生死践诺是道德的最高奉献
	2015年1月22日	"信义夫妻"用生命传递诚信美德
	2015年1月22日	"信义夫妻"为社会带来源源不断的正能量

从"信义夫妻"的传播过程可见，其最早是作为个体的新闻事件得以呈现，其后才被上升为践行社会主义核心价值观的先进典型，并取得了良好的社会教化作用。荆楚网对"信义夫妻"报道的提炼，意在弘扬社会主义核心价值观中

的"诚信",且与之前湖北已经出现的同类典型"信义兄弟"相呼应。

首先,"信义夫妻"等凡人善举正好展现了普通人的真善美。这次典型宣传符合政府"善于运用网络传播规律,把社会主义核心价值观体现到网络宣传、网络文化、网络服务中"①的要求。

其次,考虑了湖北本土文化与本土读者的需求。"楚无以为宝,唯善以为宝",湖北一直致力于发现、推广凡人义举。近年来,湖北先进典型层出不穷,从吴天祥、徐本禹、赵传宇、桂希恩,到"暴走妈妈"陈玉蓉、"小处方医生"王争艳,再到荆州"10·24"舍己救人英雄群体,以及生死接力赶发农民工薪水的"信义兄弟",等等,出现了"湖北群星现象"。"湖北群星现象"特指湖北省近年来先进典型不断涌现、正面报道群星璀璨的传播现象。这些经由网络发现并传播的凡人义举、道德群星,他们所表现出的英勇、母爱、诚信和奉献,折射出中国当代社会的善良和正义,在当地民众中产生了巨大影响,也引发了举国关注。

最后,这一题材能够充分展现新闻专业主义,取得一定的舆论影响力和传播效果。从发稿目录看,荆楚网作为"信义夫妻"的首发媒体,通过多种形式全程展示事件始末,发挥了主流媒体提炼新闻价值、聚焦网络社会集体注意力的关键作用。

综合以上分析,我们可以看到,荆楚网将典型宣传作为主题宣传的重要内容,并在典型宣传中注重将抽象概念具体化、故事化,不仅实现了新闻网站以正面报道为主的立场,而且符

---

① 摘自中共中央办公厅印发的《关于培育和践行社会主义核心价值观的意见》。

合政府大力推广社会主义核心价值观的执政理念，形成了网络社会中政府、公众和媒体的社会合意，也达到了政治资本、经济资本和社会资本的兼得。

第二节　新闻理念的变革：
市场导向的不断强化

市场导向就是把新闻看作商品，受众看作消费者，新闻生产必须遵循市场规律，考虑投入产出比。麦克马纳斯提出了新闻生产的市场理论：一个事件（议题）成为新闻的可能性，与信息可能对投资者、赞助者等各方造成的损害成反比；与报道新闻的成本成反比；与所吸引的广告商愿意为之出资的目标受众的规模成正比。[1] 因此，尽力提供成本最低、受众最广的内容组合，为广告商获取其最感兴趣的消费者，并最终保护赞助者和投资者的利益，[2]成为市场导向下新闻生产的不二选择。

"当编辑们开始用经营者的眼光看待新闻运作时，市场理念被内化于新闻制作了。对广告利润的追求成为版面策划的主要考虑之一。"[3]这是对当时美国《洛杉矶时报》在产品设计方面的描述，在今天的荆楚网，我们也听到了同样的话语。

---

① 参见［美］约翰·H.麦克马纳斯：《市场新闻业：公民自行小心》，张磊译，新华出版社2004年版。

② 参见［美］约翰·H.麦克马纳斯：《市场新闻业：公民自行小心》，张磊译，新华出版社2004年版，第129页。

③ 参见李良荣等：《当代西方新闻媒体》，复旦大学出版社2003年版，第131页。

经过两三年的打拼，我们最丰硕的核心成果是新媒体的产品化。当前，务必从产品化阶段进入市场化阶段，从制造产品阶段全面转向销售产品阶段。①

在理顺和加强网站管理的同时，流程梳理和流量变现也正在酝酿中。除了省委宣传部和网信办，网站流量和排名也应该是采编业务的指挥棒。②

党性、血性和狼性，是构成我们企业文化的内核，也是我们网络公司从管理层到普通员工，衡量自己工作态度的一个重要的标志。华为的创始人、著名企业家任正非同志说过"狼性"的三要素：一是嗅觉灵敏；二是团队精神；三是进攻意识。③

要记住，我们是搞市场的人，不是做官，也不是像传统媒体那样按部就班地工作的。④

一、基于买方市场的营销意识

借鉴美国市场营销专家菲利普·科特勒关于市场营销学的定义，我们可以这样理解：传媒的营销是识别出潜在的受众需求，并确定最佳的目标市场，然后推出为既定的目标市场服务的传媒产品。营销的关键在于，将受众的"使用与满足"作为新闻生产目标，并达到传媒获利的目的。⑤

① 摘自2015年4月3日新媒体集团在楚天传媒大厦一楼会议室召开2015工作规划汇报会议上张先国的讲话。

② 摘自2015年6月29日荆楚网业务例会纪要。

③ 摘自2013年12月28日，荆楚网总编辑张先国在员工大会上的讲话。

④ 摘自2014年3月24日荆楚网经管会业务例会纪要。

⑤ ［美］菲利普·科特普：《市场营销管理》，中国人民大学出版社1997年版，第130—141页。

市场化进程中，传媒生产力大发展的后果是新闻产品普遍供大于求，信息开始由贫乏走向过量，媒介产业由卖方市场过渡到了买方市场，媒介场的激烈竞争使得营销策略在新闻生产中日益被重视。

与传统媒体相比，新闻网站面临的竞争更加激烈。从商业网站和新闻网站的新闻频道用户和流量数据看，分析2015年12月6日艾瑞网络媒体排名发布的近三月排名数据，可知商业网站各项数据均完胜新闻网站。而且，从全部网站排名看，前20名找不到新闻网站的身影。在用户数方面，商业网站更是让新闻网站望尘莫及，以腾讯2014年年报为例，到2014年四季度末，QQ月活跃账户数达8.15亿，同比增长1%，微信和WeChat的合并月活跃账户数达5亿，同比增长41%。而据人民网2014年年度报告，截至2014年末人民网在人民微博、新浪微博、腾讯微博三大平台的法人微博粉丝总量逾4500万，粉丝数量虽然在中国网络媒体中排名第一。但是其用户的"户籍"却在新浪、腾讯。

用户和流量是网站影响力的决定因素，从以上数据对比中，我们不难发现，在媒介场中，新闻网站的影响力远不及商业网站。

应该说，新闻自采权是新闻网站政治场中的重要政治资本，但这一政治资本却无法直接转换成经济场的经济资本，也无法直接转换成媒介场的文化资本，从而形成新闻生产的核心竞争力。

就新闻媒体而言，新闻采编权是媒体话语权地位的最直接体现，也是媒体得以立足的根本。是否具备新闻采编权，是新闻网站和商业网站最本质的区别。这一制度设计显然赋予新闻网站在网络舆论引导中的先天优势。这一新闻资质上的"准入制度"也是国家为保证新闻网站"党的喉舌"这一身份定位的重要制度设计。这一制度设计思路源于中国传统媒体管理中的"准入制度",即办报、办台必须由国家有关行政部门批准,这是中国新闻生产的基本制度安排。从新闻生产的角度看,"准入制"的实质是,国家集中控制了新闻生产上游的基本要素资料,以便实现对新闻生产的中游过程、特别是对下游产品内容和形式的全面控制。[①]这一制度在传统媒体管理中有效安排了新闻生产的基本要素,设置了新闻活动的基本前提。

但新闻网站从诞生之日起,就面临着和商业网站的激烈竞争。新闻自采权这一行政赋权在互联网时代面临失灵。

与拥有成熟经营理念和多样化盈利模式的商业网站相比,脱胎于体制内传统媒体的新闻网站并没有在新闻生产上占据明显优势,甚至远远落后于商业网站的新闻生产能力。Alexa相关统计显示,目前,新浪网、腾讯网、搜狐网、网易网这前4家的流量占所有有新闻内容网站流量的85.2%。而且,自媒体的风起云涌,又对新闻网站形成了巨大冲击,新闻网站在舆论影响力方面更加式微。

在问卷调查中,荆楚网员工也对公司竞争力表达出较为强烈的忧患意识。员工认为,荆楚网能够成为我国第一家上市的省级新闻网站,竞争力依托于湖北日报传媒集团多年探索资本市场的经验(81.8%)以及领导层的驱动力(现任领导的强力推动,78.3%),而非荆楚网自身的新闻传播业务能力。荆楚网上市后对湖报集团资源及政策支持的依赖性仍然较大,员工对

---

① 芮必峰:《政府、市场、媒体及其他——试论新闻生产中的社会权力》,博士学位论文,复旦大学,2009年。

自身新闻生产能力及产品创新能力的信心不足，如图4-1所示：

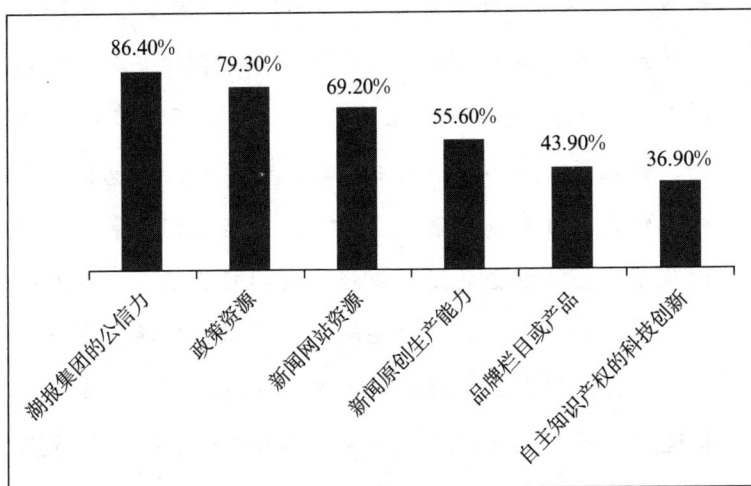

图4-1　荆楚网公司竞争力评价[①]

因此，荆楚网在市场化进程中，无法凭借国家政策赐予的"新闻自采权"这一最大政治资本自保，又由于是政策推动下的被动市场化之路，自身并无与媒介场中其他竞争对手抗衡的实力，必然本能选择以受众的"使用与满足"作为传媒生产的目标，围绕市场目标来设计新闻产品，并通过营销达到传媒获利的目的。

营销导向下的新闻如何做？访谈中有一个典型的案例。样本1介绍：

　　最近《铁血红安》[②]很火，然后，我们就去跟红安县委宣传部聊了一下我们的创意和策划，对方就给了我们一

——————————

　　① 根据本研究2015年2月13日到3月13日通过问卷星平台调查的数据分析。
　　② 指2014年11月，中央电视台综合频道黄金时间播出的反映湖北著名的将军县红安革命历史题材的电视剧《铁血红安》。

笔宣传费用，我们就派了3个记者去红安采访一个星期，形成了7到8篇稿件。全媒体的一种传播形态[①]，就是采访了铁血红安的故事，比如刘铜锣这个人在红安是不是真的存在，还比如说在飞机上丢炸弹，网上不是有些人质疑吗，我们就去采访了一些红安本地的专家，还包括红安精神是什么，红安精神有什么意义，包括我们还采访了红安近几年的经济社会的发展现状，我们就作了三个层次的内容：第一阐述了什么是红安精神，第二红安精神有什么意义，第三他们怎么把红安精神继承和发扬到现实生活中，报道的最后一篇是请县长或者县委书记过来做一个访谈。

二、新闻生产的偏向从硬变软

传统新闻生产的新闻内容以文本性的方式呈现，以深度见长，在新闻形态上强调事实至上，在新闻价值上崇尚由快至深，不断努力逼近真相，推崇公众利益至上的价值观，看重"硬新闻"的社会意义。[②]

但由于娱乐化、碎片化、视觉化的文本，最适合通过互联网传播，最容易形成爆炸式、病毒式的传播效果，所以，荆楚网在市场化进程中，要想在竞争激烈的买方市场中胜出，在营销导向下，其新闻生产的偏向会由硬变软，从传统新闻网站提供公众需要的（needed）转向市场中提供公众想要的（wanted），从公共利益至上转向用户兴趣至上。

---

① 指荆楚网网络专题《铜锣一响 尽是好汉》。
② 张志安、吴涛：《互联网与中国新闻业的重构——以结构、生产、公共性为维度的研究》，《现代传播》2016年第1期。

现任荆楚网总编辑张先国在访谈中提出了一个红糖和火柴的理论，这一理论后来也整理发表了出来[①]：

> 最近，我总结出一个红糖和火柴的理论，在计划经济时代，在供销社买东西，买红糖经常搭送一包火柴。在今天看来，火柴就是新闻，新闻生产能力已经过剩，特别是自媒体、自发布的时代到来，新闻海量一样涌现出来，只能成为过剩的火柴。而红糖就是我们要去做的稀缺、能够满足社会需要的东西，给予营养、滋养和甜头的东西，那就是服务。我们就是要转向信息服务业。基于这样的想法，我们要布局整个湖北日报传媒集团新媒体的发展。

那么，荆楚网在新闻生产中满足受众需要的"红糖"是什么呢？

以下是2015年荆楚网连续两次业务例会纪要的摘录：

> 娱乐新闻是我们去年通过采编业务例会提出的，是与传统媒体错位竞争的拳头产品。我们的娱乐新闻和娱乐访谈在本地新闻界独树一帜，影响力非常大。今后要形成娱乐界到武汉来宣传必到荆楚网的惯例，宣传活动必请荆楚网参加，慢慢打出声势。同时，文艺评论要紧密配合，要选取角度对没有来荆楚网的人进行批评。

> 我们现在的生产力还是要进一步解放。在时政类的期权制度没有突破的前提下，我们还有很多方面可以去突破，特别是各种门类的信息服务。

从2015年6月起，荆楚网陆续探索出一批信息服务项目。

① 张先国：《以六项突破布局新媒体发展——湖北日报传媒集团全媒体转理探索》，《传媒》2013年第3期。

如"Y车评"视频经营，图片经营。同时，拟建立湖北手机报幽默故事的数据库，为副刊的生产、手机阅读提供稿源，不仅可以卖给公司内部，还可以卖给长江云等外部公司。

最小投入、最高产出下的新闻生产，受众即消费者，新闻产品的精心设计不是为了提供公共信息服务，而是为了提高销路。2015年4月2日的《人民日报》历数了新媒体传播中存在的内容克隆化、求快不求真、迷信点击率、标题玩惊悚、广告硬推销、剽窃成重症、媚俗无底线等常见问题，文章中写道："新媒体环境下将独家简化为噱头，将深度等同为内幕，将卖点误解成低俗，这对包括传统媒体和新媒体在内的整个媒体行业的影响都是巨大的。"①一些资讯很有趣、报道很及时、表达很俏皮、包装很精美但却空洞无物的新闻产品也许会被生产者和消费者双方认可，但没有提供这个社会需要的"铁肩担道义"。

2016年3月，《武钢减员5万人背后一个普通钢铁家庭的命运沉浮》一文在网上火爆传播，但这则新闻并非出自荆楚网，而是一个名不见经传的创业公司的微信公众号"光谷客"。武钢裁员这一发生在荆楚网所在地武汉的重大事件，作为本地唯一的省级重点新闻网站却没有原创好稿出现，这一现象，让荆楚网上下很没面子。荆楚网总编辑张先国在微信上发问"为什么我们没有采访到这条稿子？"可是"光谷客"作者自述，为采写此稿，作者整整花费了3个月时间深入采访，这种"硬新闻"，在考虑投入产出比、考虑营销的市场新闻学理念指导下，很难自发产生。

---

① 《人民日报：新媒体需治"七种病"》，见http：//news.xinhuanet.com/newmedia/2015-04/02/c_134118928.htm。

市场导向下的新闻生产，必然会立足于让消费者得到他们想要（want）的，但并非他们需要（need）的。

三、对新闻生产成本与效率的计较

市场竞争说到底就是生产效率的提高和生产成本的压缩。对此，样本8曾说：

> 小平同志讲，生产力的标准是最核心的标准，从毛泽东思想到中国特色社会主义理论体系，真正推动历史进步的主体是群众。我们改革的成败系于在座的各位，成败的标准在于我们的生产力，我们的经营指标是不是达到了，我们的利润指标是不是达到了，人均劳动生产率是不是达到了，希望我们在工作中拿这些标准去衡量。

然而，荆楚网的原创新闻生产目前还处在探索起步阶段，在激烈的市场竞争中，新闻生产效率还不高。如，在时政要闻部，荆楚网规定要闻部记者每月的发稿任务为45条（2015年6月），但是大多数记者完不成，以2015年6月为例，要闻部总发稿数为394条，发稿在45条以上的只有两人。网络媒体区别于传统媒体最大的特点之一就在于其信息的海量，要闻部目前每月400条左右的原创稿件显然满足不了市场需求，此外记者不按规定时间发稿在要闻部也常有发生。

同时，荆楚网在市场化进程中，控制采访成本的意识更加强烈。

样本9在访谈中介绍："信息冗余的时代，观点是制胜的利器。但是评论栏目建设需要投入大量财力、人力才能吸引优质的稿源，目前，《东湖评论》的约稿稿酬标准为100元/

篇，明显低于业界的平均稿费标准。"

样本1："我昨天做部门预算，12个人加在一起，是225万，这些都是真金白银啊。"[①]

新媒体集团进行组织架构变革后，实现了新闻业务与经营彻底分开，采访中心不再有经营创收任务，日常采访成本基本由分管领导审批制报销方式解决，但在新闻生产中仍然要考虑采访成本的控制。特别是时政要闻部要加强原创新闻的生产，必须强调采访的"到场"，而"到场"是要花费经济成本的。

笔者在要闻部的参与式观察中了解到，时政要闻部记者采访的主要方式为实地采访，电话、QQ、微信有时也会作为辅助采访工具，但记者通常希望选择能够不到实地的采访方式，希望遇到可以通过电话、QQ、微信等完成的题材。

访谈中，笔者也专门问到采访成本：

问：你们采访成本怎么解决？就武汉市内跑跑无所谓，比如说你要跑到恩施去采访这是一个很高的成本。这个成本是怎么解决？是部门自己解决还是报集团给你解决？

样本2：外出采访报我们常务副主编，他如果批准了，那就我们自己解决，如果不批准就不搞。

问：那批准不批准是按照什么标准呢？

样本2：当地的某个单位要邀请你去采访，一般会管路费。如果自己找的选题，那么领导就会评估值不值得。不值得就不去。

问：如果采访业务量很大的话，那采访中心可能会承担很高的成本。

① 摘自2014年12月12日的《观察日记》。

样本2：对，目前我们这个成本肯定解决不了。

在2014年12月28日的《观察日记》中，也有同样的对话：

问：那你们出外勤的时候费用怎么办，会报销吗？打车什么的。

YX：（笑，摇头）不会的，都是自己出。

YX：有一次我去高新四路自己打的，是自己掏的。刚上班那几个月我都自己贴钱。

问：打车票不报销吗？

YX：（摇头）不报销，谁知道你是自己私事还是公事。

问：那票上显示的有时间啊？

YX：（摇头）我们主任出差都是开自己车，油费都不报销。

同时，采访硬件不全也是访谈中受访者提到较多的问题。样本11介绍："比如要闻部目前只有两台相机，记者普遍抱怨没有相机，照片只能用手机拍摄。"

在胜合春管理咨询为荆楚网所做的咨询报告中，也明确提到"追求成本控制""运用外部资源活动，执行成本削减"。

高度忠于事实，到达新闻现场，获得各方说法，揭露幕后真相，挖掘深层信息，这些令每位新闻从业者热血沸腾倍感使命光荣的新闻生产理念，是需要开销和成本的，但在市场导向下，一个事件（议题）成为新闻的可能性，与报道新闻的成本成反比。

麦克马纳斯曾生动分析："选择新闻的首要标准是看它是否具有广泛的吸引力，即到底有多少人觉得它有意思，能引人注意。因此，新闻质量被市场理念重新衡量，新闻的销路如何成为新闻生产者考虑的首要问题。"①

但是，不容忽视的是，新闻作为公共产品的外部因素在新闻生产的市场导向下被忽略不计了。在新闻生产中，公民应该知道的和公民有兴趣知道的并不完全重合，如果新闻部门和新闻消费者都遵从市场逻辑，那么，外部因素就是负面的。"公众利益"在新闻生产理念的改变中却仍然被忽略，甚至被侵害，这一问题，并未引起足够的重视，也很难通过媒体自身在市场化进程中有效调节。

第三节　新闻理念的失衡与再平衡

市场化背景下新闻网站生产理念的变革，其实质是经济场域对媒介生存策略的影响。

荆楚网在市场化进程中，从政治场域中一个单纯的不以营利为目标的政治媒介组织，成为兼具党媒、上市公司、公共媒体为一身的媒介组织，外部场域的变化导致其生存策略的左右徘徊，既想在政治场域中继续占有政治资本，从而强调党媒的宣传职能，注重主题宣传的可接受性，又要在经济场中转向市场新闻学理念，作出基于市场逻辑的策略选择。但是，市场力量也会损害媒体的专业自治，市场经济与生俱来的道德上的"原罪"，会给作为公共精神产品的新闻生产带来很多问题，具体到荆楚网新闻生产的理念变革与策略选择，我们清晰地看

---

① ［美］约翰·H.麦克马纳斯：《市场新闻业：公民自行小心》，张磊译，新华出版社2004年版，第110页。

到，它兼顾了权力与市场，却忽略了公众利益，出现了新闻的失衡。

然而，媒体与市场在中西方不同语境中所呈现的互动关系是大相径庭的。与美国新闻业中"市场"日益强化的"控制"功能不同的是，在中国，"市场"作为一种相对独立于政府的社会力量，在媒介的发展中更多发挥"释放"功能，市场能够为媒体的新闻生产提供经济来源和动力源泉。在荆楚网的新闻生产中，我们发现市场化在客观上推动了宣传手法的改进，倒逼新闻生产必须得到官方和群众的双向认可，提高了信息服务的质量。

意识形态新闻业为什么也需要市场化？因为如果只是作为宣传品，通过政治渠道去派送和供给，是无法了解对方是否自愿接受的，只有市场才能提供受众的真正自愿接受。从这个角度看，荆楚网在一定程度上尝试了在公众、受众、人民三者之间力求取得最大公约数，探索了舆论引导如何在市场化的媒体中实现这一政府高度关注的命题。

第五章　新闻生产的架构
重组与惯习调适

"惯习"是什么？布尔迪厄认为，"惯习"就是以往实践活动中形成的结构性产物，就是人们如何看待世界，如何评判社会的模式。以此类推，新闻生产的惯习，就是新闻生产者在媒介场内客观的、共有的行为规范，是整个媒介行业内共同的理解方式和行为模式。如：对传播什么、怎么传播等一系列一致性的规范。如：选择新闻的标准、新闻价值观等。媒介惯习是媒介历史实践的产物，继承性和相对稳定性是其特征。同时，惯习也是媒介场对政治、经济、文化环境与国家制度和法律的体现。

场域与惯习是联系在一起的。转型时期，惯习和场域之间往往会产生不协调，从而引起变革、创新和调整。本章重点分析市场化进程中，荆楚网内外部场域的变化，以及由此导致的新闻生产惯习的调适。

第一节　场域变化与架构重组

随着经济全球化、信息网络化、竞争市场化趋势的演进，新闻传媒进入急剧变革的时代。在挑战与机遇并存的变局之中，实施体制机制创新，转企改制的战略转型是包括党报在内的传统媒体的必然选择。荆楚网生发于传统媒体体系中，承担着传统媒体集团媒体融合战略转型先行军的任务，在市场化进程中，其在党报集团中的位置、其内部的组织架构都在发生变化。

新闻网站改制上市，既要符合中央关于文化体制改革的总体政策，又要符合国家《证券法》对首次公开发行股票上市（IPO）的具体要求。因此，实施股份制改造，建立法人治理结构是关键。股份公司建立完善的法人治理结构，是证监会对上市公司独立性的刚性要求，也是传媒集团改制成功与否的标志。这一规定也倒逼传媒必须改革现行适应事业单位管理的体制和运行机制，必须建立健全的"三会一层"（股东大会、董事会、监事会、经理层）等体现上市公司独立性的体制机制。

一、作为投资方的湖北日报传媒集团

2014年6月，《湖北荆楚网络科技股份有限公司公开转让说明书》[①]中的"公司股权结构图"如下：

---

① 湖北荆楚网络科技股份有限公司：《荆楚网：公开转让说明书》，见 http://data.eastmoney.com/notice/20140630/2Wvl2TQgF5Lw4t.html。

```
                    ┌──────────────────────┐
                    │   湖北日报传媒集团     │──────┐
                    └──────────────────────┘      │
                           │ 100%                 │ 90%
                    ┌──────────────────────┐      │
                    │  湖北日报社实业发展公司 │      │
                    └──────────────────────┘      │
                           │ 10%                  │
                    ┌──────────────────────────┐  │
                    │ 湖北荆楚网络科技股份有限公司 │──┘
                    └──────────────────────────┘
```

100%	100%	100%	100%	100%	51%	51%	50%	48%
湖北楚天尚漫科技有限责任公司	湖北楚天神码科技有限责任公司	湖北楚天优品电子商务有限责任公司	湖北文谷文化产业发展有限公司	湖北楚天手机媒体有限公司	湖北日报数字传媒有限公司	湖北楚天鑫融信息服务有限责任公司	湖北腾楚网终科技有限责任公司	湖北光谷天下传媒股份有限公司

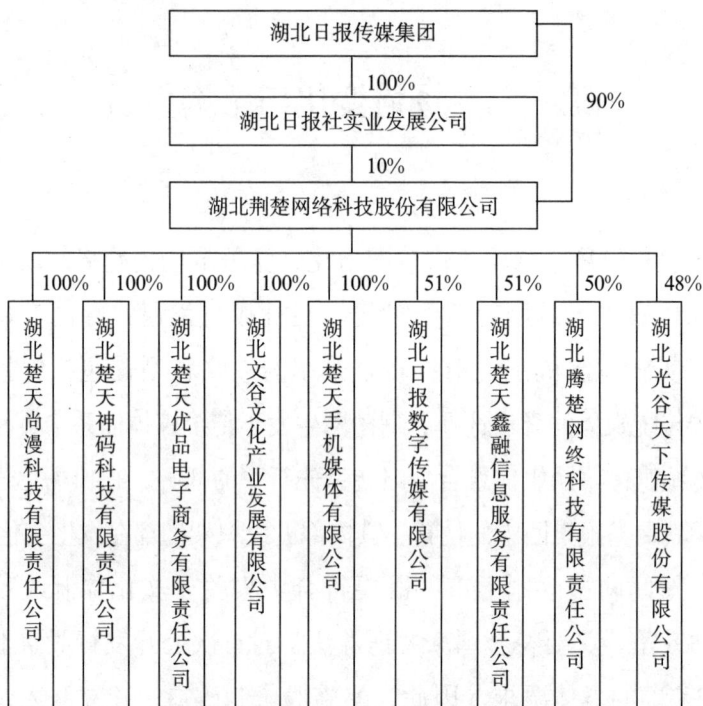

图5-1 湖北荆楚网络科技股份有限公司股权结构图

可见，湖北日报传媒集团（90%）及其全资控股的湖北日报社实业发展公司（10%）是荆楚网的投资方。市场化进程中，荆楚网从单纯的编辑部到作为湖报集团全资投资的上市公司，在这一组织变革中，作为投资方的母报集团与作为回报方的子公司，与当初事业体制下纯粹的上下级关系发生了根本变化。

湖北日报传媒集团员工在《党报集团为何要借力新三板》[①]一文中，总结了党报集团旗下子公司挂牌新三板的三个

---

① 谢睿、班跃伟、刘斐：《党报集团为何要借力新三板》，《新闻前哨》2015年第11期。

有利于，即：有利于内部资源整合，提升盈利能力，有利于推进媒体融合转型，有利于谋划更高层次的资本运作。同时，可以此为契机，进一步整合资源、理顺体制机制、培养人才，也改变了过去子公司"啃老、依老"现象，倒逼子公司独立面对市场生存发展。荆楚网挂牌上市后，也不负厚望，完成了不错的业绩。2014年，荆楚网实现收入7866万元，完成利润2213万元，分别同比增长了124.84%和782.97%。

但作为投资方的母报集团与作为回报方的子公司，各自站在其经济利益最大化角度考虑，也在现实运作中产生了一些矛盾：

一是在投资决策上，湖报集团作为国有企业决策的谨慎性与荆楚网作为上市公司的紧迫感产生矛盾。样本8介绍：

集团作为国有企业存在惯有的惰性决策机制，但资本市场又不等人……市场机会稍纵即逝。

二是对荆楚网在湖报集团内部的层级设置上，湖报集团与荆楚网各有考虑。

目前，湖报集团属于省委宣传部直管正厅级事业单位，荆楚网虽然是上市公司，但其在湖报集团内部仍然是一个内设处级单位，也就是说，其负责人是一名处级干部，无权参加湖报集团党委层面的决策。在访谈中，我们也提及了这一点。

问：如果您觉得这个制度可以改的话，应该怎样做？

样本8：提高新媒体层级设置，主要领导要抓媒体融合，中央文件写得非常清晰。

在访谈中，有人用悲怆、无奈形容固化的体制对市场化进程中创新探索的挤压和消磨。特别是有些人因为对新媒体的不了解，因为长久以来形成的一些习惯，决定了短期内对新媒体存在一定的"敌意"。这种固化体制所形成的系统内的"敌意"并非个别现象，具有一定的普遍性，这让许多新媒体的实践者失去热情，甚至逃离体制。

上市后，新媒体强调速度与执行，但是传统媒体已经形成了一套固有的行政体制，小到设备的购买、任务的执行、人才的流动，大到公司架构的改革、项目的批准等方面都存在严重的滞后性，这些都成为工作中最大的障碍。

二、荆楚网上市后的组织变革

荆楚网上市后，引入胜合春管理咨询公司对新媒体集团的组织架构进行了重新设计。根据设计结果，2015年1月21日，新媒体集团下发了《关于网络公司组织架构调整及相关管理者任命的通知》，1月28日，新媒体集团总经理、总编辑张先国在公司第一次年会上发布了胜合春管理咨询公司的项目成果，指明未来发展的方向。

笔者访谈了相关人员，调阅了胜合春管理咨询公司的所有项目资料，了解到新媒体集团上市后组织变革的基本情况。

上市后新媒体集团为什么要变革？胜合春管理咨询公司在前期大量调查的基础上，归纳出了以下四点原因[①]：

一是媒体产业面临前所有未有的剧烈变化，变革以适应市场变化。具体表现为：管理成本持续上扬，营收未见明显上

---

① 根据新媒体集团提供的相关资料整理。

升；广告不再是唯一重要的收入来源；旧习惯与旧思维的阻碍；新媒体对技术研发水平的要求日益提升；云端系统对内容管理产生冲击；等等。

二是重塑运营模式，追求企业成长。具体表现为：追求成本控制；运用外部资源活动，执行成本削减；通过重新设计绩效奖励与退场制度，提高员工生产力，减少不必要人力，降低人事成本。

三是发展获利平台。具体表现为：设计新的组织形态，重建目标营运模式，包括组织结构和管理制度；发展新的能力和过程，尤其是生产过程、销售效率和资产管理；改善员工绩效管理制度，重塑组织文化。

四是提高营收。具体表现为：透过异业合作，将收入来源进行扩大与多元化；在新平台上充分利用资产，包括内容、技术和人才，且更广泛地进行产品开发，并在各企业部门间达到综效；透过跨平台系统，从各项资产中，更有效率地获得价值。

综上可见，荆楚网组织变革是为了适应市场化进程的需要，从而发展获利平台，提高营收。

围绕这一设计原则，胜合春管理咨询公司针对各个子公司不同的战略性定位，决定对于具有特殊性、非传播媒体特性的业务或子公司，给予较高的独立性，例如楚天尚漫、数字传媒、楚天优品等，自理经营业务的权与责。总部仅对行政与战略等后勤服务作集中化管理。

对于组织变革对新闻生产的影响，样本8在访谈中介绍了新媒体集团组织架构设计的三大核心原则：

一是内容、经营分开：分别成立与内容有关的荆楚网编辑中心、采访中心，与经营有关的产品中心和营销中心；

二是采访、编辑相对分开：采访和编辑分离，分别成立荆楚网编辑中心和采访中心，且编辑中心对采访中心有内容要求权和平行考核权；

三是岗尽其责、人尽其能：市场化的岗位体系建制方式，充分发挥岗位和个人的价值。

在谈到为什么制定这三大核心原则时，样本8介绍说：

新媒体集团上市后，我们发现了部门定位、权责边界、业务边界不明等不适应现行上市公司管理体制的问题，如：同样采集一个新闻，不同部门同时都安排人去采访，造成不必要的人力浪费。

以对内容采编流程为例，胜合春管理咨询公司在"湖北日报新媒体集团组织变革设计与管理优化创新项目"的报告中描述：

一是有采编有采访权限的部门太多，容易撞线或权责不清。二是跨部门专题制作缺失统一的协调机制。三是部门系统多，一天编辑工作要在多个不同的平台跳转，影响工作效率。四是对于记者要求上首页的稿件或者各采访中心，其他部门要求推荐的稿件没有一个统一的标准，基本上是行政的模式操作，编辑的自主权或者参考标准没有。[1]

访谈中也介绍了采编中存在的突出问题：新闻生产中没有形成标准化的流程。样本1介绍：

就说荆楚网最擅长的爆破直播，做了好几次了，到现在也没有做到标准化，摄像机怎么架、直播台怎么

———

[1] 根据新媒体集团提供的相关资料。

放、哪几个人来？都没有现成的标准方案，一切都要临时拼凑。

在重大报道中，新闻生产就变成了整个团队的竞争，设备能否及时到位、人员能否按时集合、采访对象能否联系好、值班总编能否合理指挥，都将直接影响采访的成败，效率低下的问题更加突出。

访谈中，时政要闻部的3位受访者都谈到了2015年发生在湖北的最大突发事件"东方之星客船翻沉事故"中暴露出来的生产效率问题。

在"东方之星沉船事故"发生后，从团队配合的角度看，荆楚网这次采访存在诸多不足。有访谈对象透露：

> 4日，老总布置了3个选题，"长江的信息化、数字化，保障通信安全""我国军队的应急动员能力""监利的小城大爱"。本来这几个选题是给后方做的，但后方无法完成，选题任务推给前方。

多位访谈对象提出，"最大的问题是指挥的问题"，"后方无总协调、无总指挥，各部门各自干各自的，按照常规的工作在开展"，"前方也无指挥，我们在这次事件中完全靠自己能摸到哪里就摸到哪里"。

因此，在组织变革中，要针对这些突出问题，通过组织架构重塑，建立内容支撑中心，运用中央厨房的概念统一生产加以解决。

表5-1为胜合春咨询公司结案报告PPT第277页中对"内容采编流程——已经优化的问题"的说明。

表5-1　胜合春咨询公司结案报告

作业活动	问题点	改善建议	胜合春说明
派出采访人员	有采访权限的部门太多，容易撞线或权责不清，涉及部门：要闻中心、经济新闻中心、时政新闻中心、各子公司	成立采访中心，采访与经营分开	1.组织架构中内容和经营已经分开；2.采编分离，且由编辑中心对采访中心的内容提出要求及考核。
采访人员现场采访及编写稿件	通讯员稿件基本上不符合基本的新闻稿件规范	应加大审核把关力度，加强通讯员培训，并采用淘汰机制	该职责列入荆楚网编辑中心和采访中心的权责。
采访人员现场采访及编写稿件	新进员工岗前培训缺少行之成文的文本材料	制作规范的新进员工培训系统，并进行岗前测试，重要岗位考核通过之后才能操作	该职责列入荆楚网编辑中心和采访中心的权责。
主任审稿	落实情况不详	从软件解决、远程采编库增加主任审核环节，需要增加远程采编系统的功能	目前新媒体集团在着手更新采编系统。
编辑排版	部门系统多，一天编辑工作要在多个不同的平台跳转，影响工作效率	希望技术给力，实现统一平台，多系统高度融合，解决稿件重复抓取	目前新媒体集团在着手更新采编系统。

作业活动	问题点	改善建议	胜合春说明
发布稿件	推荐标准缺失，对于记者、各采访中心、其他部门要求上首页的稿件没有一个统一的标准，基本上是行政的模式操作，编辑的自主权或者参考标准没有	制定推荐标准，便于编辑直接参考	在本流程中，列属于荆楚网编辑中心的权责，在流程文件中有简要说明。
	删改稿件失范	公布具有删改稿件权限名单；增加后删改（自动）记录功能，并附上删改凭证	目前新媒体集团在着手更新采编系统。

综上，我们可以看到，荆楚网通过在新三板挂牌上市，初步完成了从一家网站向新媒体集团的转变，并充分利用上市的契机建立现代企业制度、实现公司治理，规范企业经营，而且，在这一过程中，荆楚网的新闻生产流程更加优化高效，有利于新闻生产质量的提升。

第二节　组织变革与员工队伍

本章所指"员工队伍"，主要是指荆楚网及所属楚天尚漫等从事内容生产的相关员工（见附录五：荆楚网关于内容生产的部门）。

综合深度访谈、问卷调查与参与式观察分析，荆楚网上市后的组织变革对员工队伍产生了如下影响：

一、队伍结构的变化

（一）从事新闻生产的员工数量增加

2014年6月，湖北荆楚网络科技股份有限公司公开转让说明书[①]中"公司员工情况"表述如下：

表5-2　荆楚网在职员工（母公司及主要子公司）基本情况

按工作性质分类	期初人数	期末人数	按教育程度分类	期初人数	期末人数
行政管理人员	57	76	博士	—	1
生产人员	123	152	硕士	43	52
销售人员	38	49	本科	207	316
技术人员	57	49	专科	23	25
财务人员	—	9	专科以下	2	3
员工总计	275	335	需公司承担费用的离退休职工人数		0
人员变动、人才引进、培训、招聘、薪酬政策等情况					

公司在运营过程中对员工岗位进行了调整，另外在此次人数统计中增加了一家全资子公司（湖北文谷文化产业发展有限公司）和三家控股子公司（湖北日报数字传媒有限公司、湖北光谷天下传媒股份有限公司、湖北楚天金融信息服务有限责任公司）的人数，现在公司母公司及主要子公司在职员工合计335人，其中全资子公司21人，控股子公司77人；在2014年6月以后，离职人员共16人，先后招聘和引进高级人才共计40人。

---

① 湖北荆楚网络科技股份有限公司：《荆楚网：公开转让说明书》，见 http://data.eastmoney.com/notice/20140630/2Wvl2TQgF5Lw4t.html。

从上表可以看出，公司生产人员从123人增加到152人，公司员工总数从275人增加到335人。

关于上市后员工人数的变化，在访谈中荆楚网员工也有提及，如：

样本1："我2007年在荆楚网实习的时候大概是五六十个人，但是现在，我们有几百号人，可以感受到这种裂变式的发展。"

样本4："上市后，第一，我要组建团队，就是真正的采编团队。第二，我要培养团队。第三，我要扩充团队。我要把触角伸到新闻采访的每一个角落，我要原创立网，内容立网，策划立网。"

当问及"你说的这个新闻原创团队准备从荆楚网内部产生还是外部扩招"时，样本4介绍说既有荆楚网本身一部分做采编的，再从14个子公司中挖一些，更多的是会从传统媒体那边拉一些。

当问及人力成本时，样本4认为：

原创性和新闻采访就是要养一批人。以前的话，要养个人挺难的。新媒体集团上市后有了这个财力，能负担得起了。

从图5-2可见荆楚网上市后采编部门的员工分布情况。

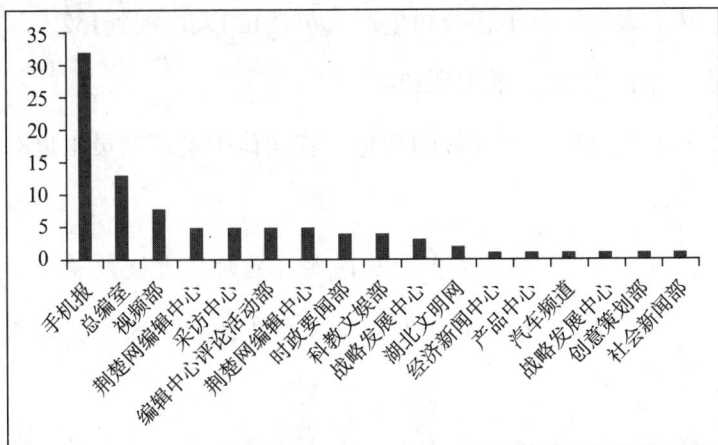

图5-2　上市后采编部门的人数

（二）专业素养不容乐观

虽然如表5-2所示，上市后员工学历有提高，但问卷调查表明，采编队伍中仅31%的员工有记者证，员工在自我工作能力评价中认为，他们与商业网站和传统媒体相比仍有一定的差距；但与上市前的荆楚网相比，有着显著的提升。综合评价如表5-3所示：

表5-3　对荆楚网新闻专业人才现状的评价[①]

	更好	差不多	差远了
与商业网站比	31.8%	35.9%	32.3%
与其他新闻网站比	32.3%	63.6%	4.0%
与传统媒体比	31.8%	37.4%	30.8%
与荆楚网过去比	73.2%	26.3%	0.5%

访谈中，荆楚网中层普遍提及对当前新闻生产者队伍素质的不满意：

---

① 根据本研究2015年2月13日到3月13日通过问卷星平台调查的数据分析。

样本3："每年评奖我都不好意思……每年做100多个专题，但一到评奖的时候拿不出像样的东西"；"并不是我们平时没有要求，没有带队伍，每一次报道都在带队伍。但新闻生产方面的能力还是上不去，网络评论质量也下降了，我们曾经多次获得过网评的中国新闻奖，但2014年剃了光头"；"新闻生产讲世纪歌加流行曲，目前我们既做不好世纪歌，也把握不了流行曲，新闻策划太落后"。

样本1："上市后，对于个人来说，危机意识也增强了"；"和在传统媒体受过训练的人相比，我们的能力是严重不足的，真的有这种危机感"。

时政要闻部虽然是荆楚网为了提高新闻原创生产能力而成立的，但现有员工以前主要是搞经营，从经营转岗后，进入采编角色还有一个适应过程，特别是新闻专业素养不够。

访谈中，据样本1介绍："经过传统媒体培训的员工，和荆楚网自己招进来培养的员工写稿子之间的差距，在新闻采编这一块非常明显"；"包括我自己，说实话是感觉很吃力的"；"荆楚网前些年根本没有把自己当作新闻媒体打造，更多的精力放在怎么样养活自己怎么样赚钱上去了"。

2014年12月12日的《观察日记》中，也记录了样本1在部门会议上讲的一段话：

> 我自己出去采访的时候都能感觉到明显差距，人家凤凰湖北、新浪湖北的记者，往地上一坐，现场把稿子写好传回去，你们呢，一定要慢慢悠悠回办公室写，中间还要吃个晚饭，稿子发来都晚上8、9点了。所以一直跟你们强调要有专业素养，要有新闻专业主义理想。

笔者实地观察期间，也看到了因员工专业素养不高而造成的生产"事故"：某记者采写的稿件《武汉8户居民50年住房遭强行砸毁 老两口挤破房度日》[①]因听信投诉者一面之词，没有采访被投诉一方，报道失实，造成不良影响。

荆楚网高层也清楚地看到了员工专业素养影响新闻生产的问题，2015年8月3日的采编业务例会专题强调了业务建设要规范的问题：

> 上周，中国新闻奖评审会传来一个"噩耗"，我们最有竞争力的一篇作品"潜江劫持案"被专家组否定。该作品在初评时得票较高，很有希望获奖。但是，按照中国新闻奖的评选规则，初评后进行专家审评时，有专家提出"潜江劫持案"对犯罪细节描述过于仔细，违反了中宣部关于"媒体对犯罪细节不能描述过于仔细"的相关规定，所以错失中国新闻奖。这件事给我们的教训也是非常深刻的，今后的业务建设我们要更加规范。

2015年7月13日的例会：

> 财经新闻部的经济、财经、理财、股市等新闻从无到有，在业内产生一定影响，但要进一步加强采编规范。财经新闻尤其要追求准确，采访对象一定要有名有姓。各编辑看到"张先生、李先生、李大妈"等指代不明确的词汇时，要进行修正，这是重要的采编规范，要从源头抓起。

（三）员工职业认同感增强

深度访谈中，大家一致谈到上市既增加了员工的福利待遇，又增加了员工的自豪感和认同感。

---

① 周三春、张城：《武汉8户居民50年住房遭强行砸毁 老两口挤破房度日》，见：http://news.163.com/15/0622/17/ASNV93LA00014AEE.html。

问卷调查也表明，上市对员工而言，主要体现在更高的工作岗位要求（78.3%）以及更大的职业发展空间（73.7%）。

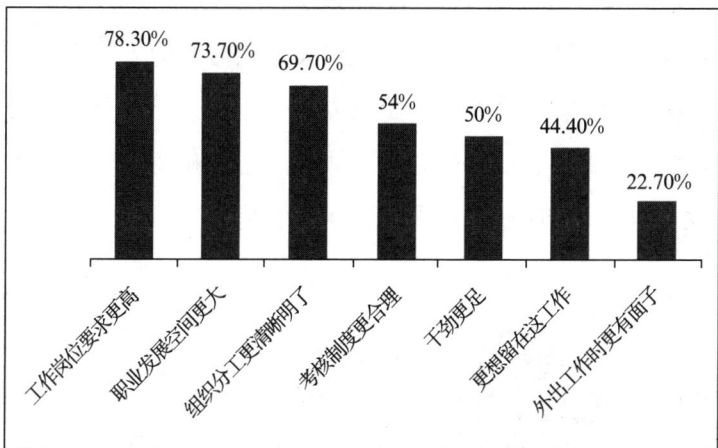

78.30%	73.70%	69.70%	54%	50%	44.40%	22.70%

图5-3　荆楚网上市对员工的个人影响①

样本1在访谈中提到：

> 从个人待遇上看，我觉得上市后我们跟传统媒体之间的差距越来越小了。我2005年、2006年在都市报实习，都市报的记者写稿好的一个月能拿1万多，但荆楚网最多2000多块钱一个月，而且当时荆楚网的领导还每月都为给员工发工资愁钱。但现在荆楚网一个最普通的编辑记者，每个月也拿四五千，现在都市报非常非常优秀的记者，最多还是一个月拿1万多，这个差距正在缩小；对于基层员工来说，上市后，我们成了上市公司的职员，大家就感觉蛮牛的，荣誉感增强了。

> 上市后荆楚网的知名度和影响力都大大增强了。2007年的时候，我们出去说我是荆楚网的，人家都不知道，我总是要补充一下我们是湖北日报荆楚网的。现在出去，至

① 根据本研究2015年2月13日到3月13日通过问卷星平台调查的数据分析。

少大家都知道荆楚网，现在有些单位搞活动，都主动邀请荆楚网。

问卷调查表明，员工普遍认为，清晰明了的组织分工（69.7%）和合理的考核制度（54%）能为职业发展开拓了空间。尽管与竞争对手尚有一定的差距，但在工作量增加、工作要求更高的情况下，85%的员工认为自己能够胜任上市后工作任务的新挑战，对未来发展充满期待和信心。

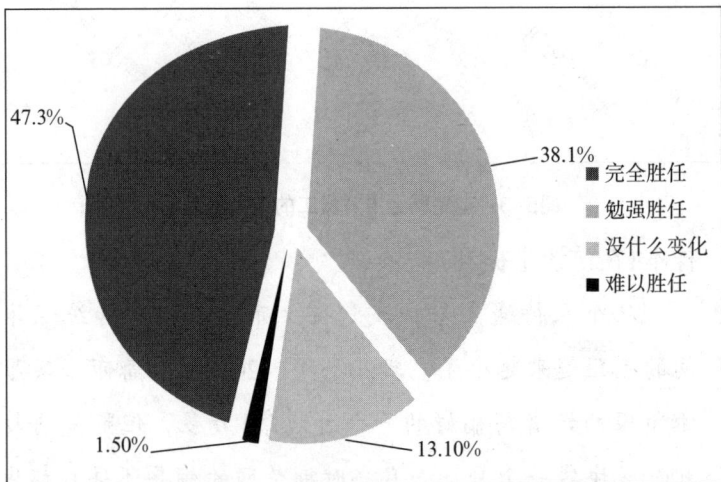

47.3%

38.1%

完全胜任

勉强胜任

没什么变化

难以胜任

1.50%

13.10%

图5-4　上市后员工是否能适应工作岗位的要求①

以下是2015年6月新入职的一位员工在访谈中的话：

样本7："我是英国伦敦大学艺术设计的硕士，之前想留在北、上、广工作，也考上了武汉同城的其他新媒体集团。但最后还是选择了荆楚网，主要是听说它是省直第一家挂牌上市的。上市公司嘛，肯定会重视视觉设计，感觉自己应该能发挥所长，有用武之地。"

____

① 根据本研究2015年2月13日到3月13日通过问卷星平台调查的数据分析。

二、原创能力的增强

前章已述，荆楚网在宣传理念和新闻理念两方面的变革都对提高新闻原创能力提出了迫切要求。

但是目前，荆楚网的原创生产能力还不太强，整合和转载还是其主要新闻生产方式。

问卷调查中对"荆楚网新闻生产的主要方式"的分析如下图：

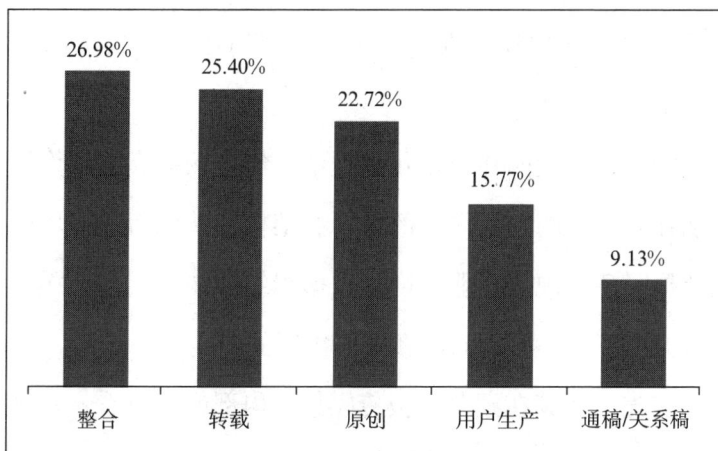

图5-5 荆楚网新闻生产的主要方式按照使用频率[①]

在访谈中，多人提到了这一变化：

样本2："荆楚网在2011年之前主要是新闻内容整合为主，在严格意义上来说是没有真正意义上的采访部门，有一些新闻采访工作可能都是指令性的"；"现在我们通过挂牌、通过从市场上去获得融资，我们拿钱干吗呢？我们拿钱首先肯定是要搞新闻生产，这是我们的使命和责任所决定的"。

---

① 根据本研究2015年2月13日到3月13日通过问卷星平台调查的数据分析。

"我们要提高新闻生产的影响力，是由我们媒体自身这个属性决定。我们是主流媒体，必须要这样做，之前应该是说这方面是有欠缺的。原因在于，我们之前缺少这种资本的支撑，确实是因为缺少，并不是因为我们不想这样。"

样本4："只有原创新闻立起来了，才能带来你这个媒体的独立人格。这个媒体的尊严、这个媒体的地位、这个媒体的影响力、这个媒体的公信力。不然，你上市后就是搞20个公司，就是再挣钱，荆楚网软趴趴的，手机报软趴趴的，立不起来。"

综上，荆楚网在市场化进程中，经济场的影响和作用力日益加强，原有的政治场中的编辑部架构变革成为经济场中的公司架构，建立现代企业制度、重塑组织架构，实现公司治理，初步完成了从一家网站向新媒体集团的转变。

首先，从其在湖北日报传媒集团内部的定位看，荆楚网从一个内设编辑部变成了全资控股的子公司，湖北日报传媒集团成为其唯一投资方；

其次，在荆楚网内部，也对新媒体集团的组织架构进行了重新设计，理顺了采、编、营的关系；

最后，其组织变革也对新闻生产者产生了较大冲击和影响，特别是对加强新闻原创能力提出了更高要求。

以下我们通过对时政要闻部编辑部场域的参与式观察，来了解市场化进程中新闻工作者日常新闻生产惯习的变化。

第三节　编辑部场域的新闻生产：
基于时政要闻部的参与式观察

　　鉴于时政要闻部是荆楚网最有代表性的新闻生产基层单元，在本节中，笔者将其作为编辑部场域，重点观察其在市场化进程中日常新闻生产惯习的调适。

　　为此，笔者聘请研究助理以实习生身份在荆楚网要闻中心工作，按照详细提纲展开对荆楚网完全的参与观察，以日记的形式记录下在荆楚网的所见所闻。调查时间由2014年12月9日开始，至2014年12月31日结束，共计天数为22天，除去休息日，共搜集调研日记18篇，总字数16000多字。2015年6月，笔者又在时政要闻部进行了为期10天的参与式观察，并对要闻部员工进行了多轮访谈。现从新闻生产的视角，将观察情况呈现如下。

一、时政要闻部场域的位置关系

　　2014年9月3日，刚刚上市的荆楚网成立了时政要闻部（以下简称要闻部），目的是为了加强新闻原创。

　　时政要闻部的部门定位是：内容提供部门，负责采访及提供时政要闻类原创稿件、新闻素材。

　　时政要闻部的工作责任是：1.负责时政、要闻类原创全媒体（图、文及视频）新闻的采写；2.负责机动类原创全媒体新闻的采写；3.按照荆楚网编辑中心及子公司的要求提供相应数量和质量的原创稿件、新闻素材；4.负责各厅局的新闻采访及稿件编写；5.策划性报道。

时政要闻部的工作权力是：1.要求荆楚网编辑中心及各子公司提供详细、可执行的采访内容要求；2.策划性报道可要求编辑中心及子公司配合。

如前所述，时政要闻部是荆楚网在市场化进程中进行组织变革时，为加强原创成立的，其与公司内部其他部门之间的关系也发生了变化。一是实现了采编营的分开，二是相对整合了采访资源。

样本1认为上市解决了采编经营彻底分开的问题，有利于专心做新闻。

> 上市之前我们没有专门做新闻的团队。当时我们虽然有时政新闻部，但时政新闻部一方面要做新闻，一方面要去赚钱。他们不仅要做新闻，还要跑去跟各个厅局谈经营。说实话，那时没有实现采编分离。对时政新闻中心的考核，涉及的是经济指标和经济任务。这样的话，他们的记者考核就是每个月进账多少钱才能拿到工资。哪怕你写得再好，你拿了一个湖北新闻奖又怎样，你没有进账的话可能这个月一分钱的绩效都没有。

> 采访中心成立前，荆楚网内部各部门都有自己的采访资源，如果要闻部能有效使用这些资源必将如虎添翼，然而现实是荆楚网各部门之间各自为政，一些资源不能共享，甚至拒绝共享。

样本4在访谈中提及：

> 上市公司的规范化以后，采编经营分开。这样便于荆楚网，或者说新媒体集团采创新地采，编创新地编，经营

创新地经营，各司其职，而不是说我作为一个记者，我带一个经营任务去完成采访。

新媒体集团原创内容建设、采访能力、新闻策划、新闻挖掘和新闻发现、新闻立网立报，从这个角度上我们真正的动了一大步。

样本8：

荆楚网的工作已和三年前安安稳稳的时代有很大的差异，现在我们平台大，对大家的能力、素质、水平有更高的要求，在8小时的工作和实践中去学习是远远不够的。过去荆楚网记者的工作就是转转稿件，现在要求每一位记者和新华社驻站记者、都市报机动部记者、社会部跑线记者同等标准，甚至要在发稿时效上更强。过去对网站新闻把关方面管理较松，现在中央和省里将新媒体与传统媒体提到同一标准，我们必须要尽快提高自身能力建设。

在第四章中，我们分析了荆楚网生产理念的变革，观察到荆楚网作为党媒，其市场化进程在客观上推动了宣传理念的变革，尝试进行主题宣传的网络化表达，倒逼新闻生产必须得到官方和群众的双向认可。在新闻理念的变革中，面对竞争激烈的买方市场，市场新闻学开始在新闻生产中占了上风。

无论是宣传理论还是新闻理念的变革，都需要提高荆楚网的原创新闻生产能力，市场竞争说到底就是生产力和生产效率的竞争，因此，时政新闻部应运而生。那么，时政新闻部成立后的运作情况如何？笔者在时政新闻部进行了参与式观察。

二、发现、选择、报道的三个环节

媒介场与社会场域总体上存在着全面对应的关系。媒介场的变化，一定程度上是经济场、政治场等其他场域力量变化的反映。这一判断在时政要闻部这一编辑部场域中再次得到验证。

时政要闻部的新闻生产在编委会→采访中心（负责人样本2）→要闻部（负责人样本1）这三级组织架构的控制之下有序运行。根据参与式观察情况，笔者按照新闻生产的闭合流程链条简要呈现要闻部的日常工作状态：

（一）新闻的发现：被动发现成为经济选择

新闻生产的发现阶段，即新闻工作者了解可能被报道的议题和事件的阶段，是非常重要的，因为新闻部门中所有其他的决定都基于此作出。

关于新闻发现的市场模式是，如果新闻仅仅是一种商品，那么考虑到时间资源和资金的稀缺性，理性运作的媒介应当是这样一种内容组合：它成本最低，又对广告商和投资者具有吸引力，因此，被动发现新闻比主动发现新闻成本要低得多。

当前时政要闻部获取新闻线索的方式主要有两类：一类是记者主动获取，如：记者从网上搜寻、记者从战线获取；二类是记者被动获取，如：网友报料、厅局新闻联络员提供线索、各级会议邀请、同行报料、领导安排等。

网友报料和记者从网上搜寻是要闻部获取新闻线索的主要方式。荆楚网开辟有专门的报料平台，此外东湖社区民生热线、热线电话也接受网友报料。荆楚网要闻部记者除了在自有线索平台寻找线索外，还经常在传统媒体、大楚网报料台、人民网"领导干部留言板"、微博、微信、得意生活、天涯、猫扑、凯迪等互动平台寻找线索，此外各大媒体热点报道中的湖北因素也会成为荆楚网的报道对象。

在荆楚网报料平台，网友报料的内容绝大部分与民生相关，例如个人维权、救援救助、小区违建、医疗纠纷、乱收费、合同纠纷、讨薪、道路失修、停水停电等，少部分为突发事件。其中反映自身利益受到损害的占50%，反映社会不公现象的占20%，报料新奇特事件、突发事件的占20%，有关社会正能量的占10%。

当记者在筛选网友报料后，接下来就要向报料人核实基本信息，确定线索是否属实。如果属实，网友报料则成为备选题之一。然后和记者主动搜寻的选题一起在选题会上，或在QQ工作群上向部门主任报题。一般性选题由部门主任决定是否跟进，重大题材部门主任会报值班编委、分管领导定夺。

从目前已发稿件的情况看，时政要闻部记者以被动获取为多。

笔者统计了荆楚网2016年3月17日至23日一周的发稿来源情况，如下表：

表5-4　原创稿件线索来源[①]

总发稿数	网友报料	网络媒体	传统媒体	网友互动	通讯员来稿	网友原创稿	记者主动发现线索	公关稿	评论	漫画
761	12	7	7	12	74	0	148	21	420	60

---

① 说明：1."网友报料"是指网友通过网站"报料平台"、电话、QQ等主动向荆楚网报料；2."网络媒体"是指网络媒体先报道（含网络媒体转载传统媒体的报道），荆楚网记者跟进报道，或在网络媒体报道中发现线索；3."传统媒体"是指传统媒体先报道，荆楚网记者从传统媒体上看到报道后跟进报道，或在传统媒体报道中发现线索；4."网友互动"是指荆楚网记者在论坛、QQ群、微信群、新闻跟帖、微博讨论等互动产品中发现的线索。

表5-5　转载稿件来源①

总发稿数	网络媒体			传统媒体			
9110	网络媒体转传统媒体	网络媒体原创	网友原创	报纸	通讯社	电视	广播
	6000	300	10	1200	1200	400	0

以上数据说明，荆楚网在日常新闻生产中，转载稿件量远远大于原创稿件量，而在原创稿件中，由记者主动发现线索采访的只占22%。

而且，对新闻线索的被动发现这一现象在湖北日报报业集团传统媒体中也一定程度地存在。2014年12月12日的《观察日记》中记录了报业集团内部新闻评报的一段话："每天对比阅读本埠六家报纸的武汉同题材报道，发现几个很有趣现象：指挥记者采访、编辑组版的，不是老总、部主任、新闻主编，而是当事方的各种会议和新闻发布通气会"；"今天，本报9版（城市空间/大武汉），共有4条消息、3条简讯，导语显示或分析其新闻信息源，均为某某会议或新闻发布会"。

2014年12月12日的《观察日记》中还记录了一段关于"调查报道"的对话，样本1提及了为什么调查报道做得少的原因："调查报道成本高风险也大，做一篇出来要半个月，一出来就被人家网站到处转了几百遍。做调查报道要评估成本和可能的危险性，成本太高，记者要出去跑一次两次三次，还做不出来东西。"

---

① 说明：1. "网络媒体转传统媒体"，举例说明：人民网转新华社稿件后，荆楚网再次从人民网转载；2. "网友原创"是指荆楚网转载其他网站UGC内容。

（二）新闻的选择：传播影响力与自我审查

在时政要闻部，选题最先由记者筛选，对于网友的报料，记者又如何确定选题的新闻价值呢？

通过要闻中心关于稿件质量的评分标准[①]中，我们可以分析一二：

关于最好类A等稿件的表述如下：

> 彰显本集团宗旨和网络传播特点优势，在时效性、重要性、独家性、创新性、指导性及服务性等方面至少有三项突出表现；具有很强的可读性；有极大的传播影响力并能引起较强烈的社会反响；文字优美、规范。

> 影响力指标：点击率（UV）超过1万（含PC端和手机端）或网络媒体（含重点新闻网站、知名商业网站及知名官微、官博、大V等）转载超过50家。

可见，在要闻中心，传播影响力是评价好稿的重要标准。这一点，在访谈中也得到证实。

样本1在访谈中介绍说，要闻部内部对传播效果的评价一般看以下三个方面：

> 第一看稿子被多少网站转载，转载率；第二，就是有没有上各大门户网站首页。首页又分门户网站的首页和湖北频道这边的首页。不同的首页分值是不一样的。第三个就是这个报道有没有引起一个大的反响。包括报道对象的各类反馈，比如对方找你扯皮，我觉得这可以作为有影响力的一种依据。再就是能够获得领导批示的以及能够解决问题的。

① 据荆楚网要闻中心提供的资料。

这与问卷调查中"评价网络新闻作品质量高低的标准"的相关数据分析相符合：

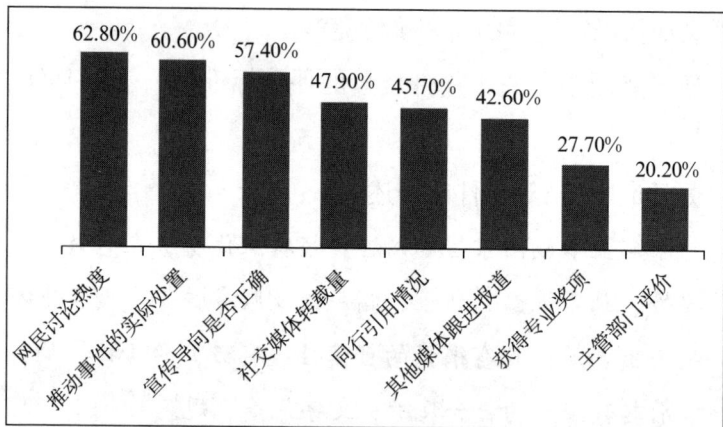

图5-6　评价网络新闻作品质量高低的标准①

但问卷调查中位列第三的"宣传导向是否正确"并未在要闻部日常传播效果的评价中体现。

同时，在荆楚网的新闻生产中，也存在"自我审查"的现象。

在市场化进程中，经济场对媒介场的影响不断加大，荆楚网由原来政治场域中以宣传为目的的新闻网站，逐渐成为经济场域中的上市公司。同时，荆楚网作为党报集团湖北日报传媒集团全资投资的子公司，又没有脱离政治场域，还是"党媒"的身份定位，必须同样面对政策监管、权力控制与宣传任务。权力与市场，这两大控制因素都在新闻生产中得以体现。

以下为荆楚网的问卷分析中的常见撤稿原因分析图：

失衡与再平衡——中国新闻网站上市现象研究

———————

① 根据本研究2015年2月13日至3月13日通过问卷星平台调查的数据分析。

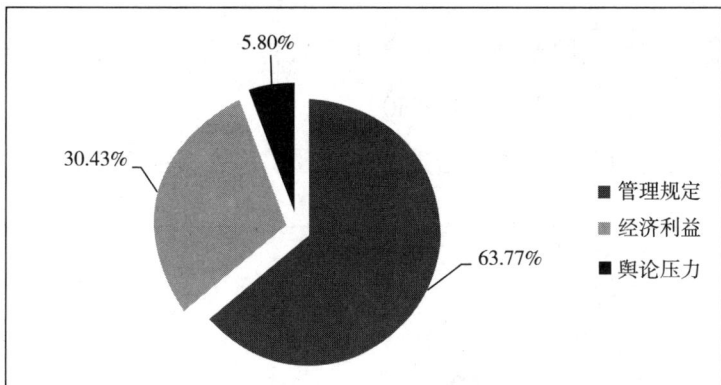

5.80%

30.43%

63.77%

■ 管理规定

■ 经济利益

■ 舆论压力

图5-7　荆楚网最常见的撤稿原因①

在2014年12月22日的《观察日记》中，样本1曾说本周武汉创建文明城市，尽量不发或少发影响文明城市创建的新闻。

在舆论监督报道中，记者会自觉采取平衡报道原则，对可能对广告大客户、有合作关系的部门的利益造成重大经济损失的报道会主动自我审查，一般作不点明道姓的模糊报道或者采取内参的形式反映。

在荆楚网的新闻生产中，以管理规定为主的政治控制是一种刚性的约束，是其生存的前提；以经济利益为主的商业控制也是市场化进程中的刚性约束，是其在竞争中赢利的根本。但是，保证媒体真实公正性的新闻专业理念却成为可有可无的弹性制约了。商业控制和政治控制的内化，已经导致新闻作为公共信息服务产品对环境进行独立监测的功能受损。

（三）新闻的报道：兼顾两个效益的操作手法

从要闻中心成立后已发稿情况分析，目前荆楚网要闻中心

①　根据本研究2015年2月13日到3月13日通过问卷星平台调查的数据分析。

所做的报道主要是两类，一类是一般性新闻报道，一类是专题报道。在所做的专题中，时政主题宣传类占40%，重大社会事件类占30%，口碑宣传类占30%。

问卷调查的相关数据也基本印证了这一点：

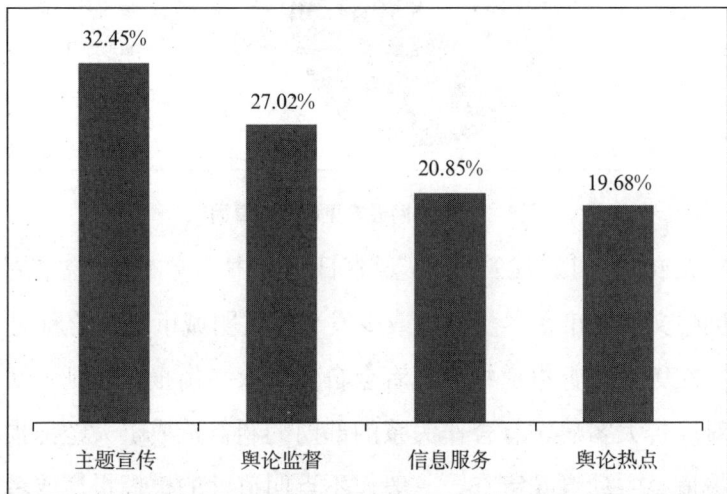

图5-8　新闻生产内容的重要程度①

笔者手头有一份《要闻中心2014年工作总结》，其关于发稿情况的表述如下：

> 2014年9月，要闻中心成立以来，先后发稿800余篇，承担了荆楚网绝大部分报道任务，圆满完成各类指令性报道、策划类报道、时政类新闻采访及舆论监督报道，极大丰富了荆楚网原创内容。

从以上分析看到，主题宣传和舆论监督正好是荆楚网党媒功能和媒体功能的体现。但其作为市场主体的赢利需求是否会影响新闻报道？在访谈中，荆楚网员工都一致认为，只

_____

① 根据本研究2015年2月13日到3月13日通过问卷星平台调查的数据分析。

要新闻报道做得有影响力，就能给荆楚网带来经济效益和社会效益，而这也是荆楚网成立要闻中心加强新闻原创的初衷之一。

笔者记录了要闻部新闻生产的一个有趣案例："爆破报道"的双赢秘方。

银丰宾馆群楼位于武汉市闹市区，于2014年12月9日下午3点爆破拆除。当天的《观察日记》中详细记录了荆楚网进行了全媒体直播报道的过程，这个过程采用网络视频直播、图文新闻、组图新闻、GIF图、荆楚网官方微博、荆楚网官方微信、网络评论、社区贴文等多种报道形式。截至12月10日，荆楚网共完成各种形式的新闻报道37篇，先后被网易网、新浪网等200余家网站转载，QQ弹出推荐。视频直播访问量5万人次；微博话题"#银丰宾馆爆破#"阅读量135.4万人次，湖北交警等知名账号转发评论；社区直播贴阅读2万人次，回复70余条。

问：你们为什么热衷于做爆破报道呢？是点击量高吗？

样本1：就是因为我们爆破报道做得好，后来武汉市政建设集团每次大一点的爆破，都找我们。现在这全都由我们要闻部承担，而且传播效果确实蛮好的。

样本1："我们在操作过程中发现，做得好的话，也可以带来收益的。我们做的武汉交通学校的爆破，那次直播访问量达20万人次，我们获得了社会效益以及经济效益。"

爆破报道"双赢"的秘方何在？笔者仔细查阅荆楚网关于爆破的三个专题报道，沌阳高架桥爆破、武汉市交通学校北区群楼爆破、银丰宾馆爆破后发现：

将"爆破"这一受众关注的社会新闻变成涉事部门满意的

"正面宣传"的窍门在于：配发网络评论。

如：在沌阳高架桥爆破中约发《何青：民生先行应成市政建设的"必修课"》①，武汉市交通学校北区群楼爆破中约发《沈素芬："生态第一爆"彰显武汉政府民生情怀》②，银丰宾馆爆破专题中约发《北楚：旧城改造要坚持"民生至上"》③，这些评论的共同视角是将爆破过程中对环境的影响减少到最小，上升到"民生"问题的高度，上升到企业社会责任的高度。如：光谷生态第一爆是政府部门关注群众生活、关心民生福祉的一个缩影，虽然用了千余吨水，650公斤炸药。爆破总成本比常规方法高出15%至20%。但武汉市市政建设集团副总经理贾永胜则表示："为了尽量减少粉尘，值！"这一声"值"，是企业社会责任的充分彰显。

在系列爆破报道策划中，荆楚网通过将现场感强、网友关注度高的社会新闻拔高到关注民生、体现企业责任的正面宣传，报道对象在这组报道中获得了社会声誉与政治认可，荆楚网也因此获得了社会效益和经济效益，同时实现了政治资本与经济资本的巧妙转换。

---

① 何青：《民生先行应成市政建设的"必修课"》，见http：//focus.cnhubei.com/origina l/201411/t3105018.shtml。

② 沈素芬：《"生态第一爆"彰显武汉政府民生情怀》，见http：//focus.cnhubei.com/ original/201411/t3105019.shtml。

③ 荆楚网：《北楚：旧城改造要坚持"民生至上"》，见http：//news.163.com/14/1210/ 09/ AD3 GO6CE00014AEE.html。

第四节　惯习调适中的失衡与再平衡

荆楚网在市场化进程中，经济场的影响和作用力日益加强，原有的政治场中的编辑部架构变革成为经济场中的公司架构，建立现代企业制度、重塑组织架构，实现公司治理，初步完成了从一家网站向新媒体集团的转变。

就荆楚网而言，市场化对新闻生产惯习的影响主要体现在两个层面：

一是市场化进程中的场域变化导致了其组织架构的重组。首先，从其在湖北日报传媒集团内部的定位看，荆楚网从一个内设编辑部变成了全资控股的子公司，湖北日报传媒集团成为其唯一投资方；其次，在荆楚网内部，也对新媒体集团的组织架构进行了重新设计，理顺了采、编、营的关系，设立了旨在加强新闻原创生产的时政要闻中心，提高了对新闻生产者专业素养的要求。

二是市场化进程中的场域变化导致了新闻生产者惯习的渐变。本章通过对时政要闻部的参与式观察、问卷调查与访谈三种形式，了解了组织变革后对新闻生产者队伍的整体影响和对日常新闻生产行为的影响。

在这个过程中，有新闻的失衡：市场控制因素开始改变员工日常新闻生产惯习，影响了媒介场的专业自治。媒体的新闻生产围绕市场经济利益最大化原则进行，追求新闻生产效率，降低新闻生产成本，将公众视为消费者，关注公众"想要的", 一定程度上漠视了公众"需要的", "公众利益"在新闻生产惯习的改变中仍然被忽略, 甚至被侵害, 这一问题, 并未引起足够重视, 也很难通过媒体自身在市场化进程中有效调节。

但在这个过程中, 也产生了新的平衡点: 市场化进程中, 荆楚网对采编部门的人力资源投入加大, 理顺了采、编、营的关系, 对新闻业务部门的划分更加细致专业, 新闻工作者在新闻生产中更加专业规范, 更加重视原创采编能力, 更加强调传播效果。

第六章　新闻生产的产品
创新与流程再造

　　21世纪初，以网站为融合形态的传媒剧变席卷全球，全方位地冲击了传统媒体的优势地位。此后，微博、微信等越来越多的社交媒体形态蓬勃而出，个人电脑（含台式电脑和笔记本电脑）、平板电脑（特指移动终端，如iPad）、智能手机等多终端并存的跨屏新闻消费几乎冲垮了传统媒体赖以生存的媒介土壤，传统媒体正处于"不转型就会被边缘化"的关键时刻。

　　对新闻从业者和学者而言，融合的媒介环境提出了很多挑战和机遇：他们面对的议题既有方法论的，也有概念上的。[①]媒体融合具有多维度和动态特征，涉及媒体技术、媒体管理、传播方式和新闻专业思想等因素在不断变化的媒体环境中的融合。[②]媒体融合对传统媒体的影响既是重大的，又是多变的，它是"一个偶然的过程，源于不同的技术、地域和环境因素的

---

　　① ［美］托斯藤·匡特、简·辛格：《新闻融合和跨平台内容生产》，清华大学出版社2014年版。

　　② Jenkins H. *Convergence culture：Where old and new media collide*. NYU Press，2006.

组合，行动者们可能会沿着岔开的道路而行"。^①

目前，国外的研究者重点关注以下内容：一是网络技术、移动终端等与传统媒体结合后衍生出的网络新闻等新型媒介产品，并通过不同的网络平台传播给用户。^②二是记者和用户对各种媒体融合形式的采纳和接受度。^③但是，如何理解作为中国式话语的媒体融合呢？

第一节　中国语境下的媒体融合

如前所述，媒体融合是一个历史内涵非常丰富的词汇，它经历了传统媒体与新媒体二元对立、全媒体糅合再到跨屏业态的动态发展过程。因此，理解媒体融合需要从技术逻辑、内容生产、体制创新等多个角度综合观之。国外传统媒体融合转型建立在市场化、产业化的基础上。但是，中国语境下的媒体融合，是基于产业和政治的双重维度提出的。

官方推崇的主流意识形态首先要作为一种信息被有效传播，并且要被公众真正接受和认可，才能够说服群众。但是，互联网时代，网络上的各种信息是海量的、过剩的，仅仅依靠传统主流媒体"你说我听"的"灌输式"供给模式，

① Boczkowski P J. *Digitizing the News：Innovation in Online Newspapers*. MIT Press，2005.

② Mic 6 J.L.，Masip P.，Domingo D.. To Wish Impossible Things* Convergence as a Process of Diffusion of Innovations in An Actor-network. *International Communication Gazette*，2013，75(1)：118-137.

③ Robinson S. Convergence Crises：News Work and News Space in the Digitally Transforming Newsroom. *Journal of Communication*，2011，61(6)：1122-1141.

已经很难奏效，也很难达成党和国家的意识形态目标。因此，国家做出推动传统媒体和新兴媒体融合发展的重大战略部署，寄望于在互联网时代能够继续占领各类新兴的新闻舆论阵地。

2014年8月18日，作为中央全面深化改革的重要举措之一，中央出台了《关于推动传统媒体和新兴媒体融合发展的指导意见》。《意见》指出：推动传统媒体和新兴媒体在内容、渠道、平台、经营、管理等方面深度融合，着力打造一批形态多样、手段先进、具有竞争力的新型主流媒体，建成几家拥有强大实力和传播力、公信力、影响力的新型媒体集团，形成立体多样、融合发展的现代传播体系。由此，媒体融合政策不再仅仅停留在推动媒体产业化发展，解决传统媒体的生存问题，而是提升到占领信息传播制高点、重塑主流媒体公信力的政治高度。

各级传统媒体所办的新闻网站成为各级党委、政府推动媒体融合的桥头堡和实验室，抢抓媒体融合各项支持性政策，成为新闻网站发展的最大利好。在媒体融合视野下做好多终端的新闻产品配置，既是荆楚网对媒体融合国家意志的积极响应，又是市场化进程中，荆楚网的政治资本与经济资本有效转化的策略需要。

一、市场化与媒体融合

媒体融合重塑了传媒业的市场结构，强化了传媒市场的竞争，加速了传媒业的市场化进程。

在产业分立时代，报业、广电业、网络等产业门类之间存在明显的界线，而且，由于党和政府对不同产业进行分类管理，产业之间一般不存在交叉进入，从而也不存在明显的竞争关系。但是，在媒体融合的进程中，各产业门类之间的边界将日益模糊，媒体之间的竞争也将更加激烈。

当前，由于传媒产品的数字化，使传媒的各种产品形式可以低成本地被复制、再发行和相互转化，其渠道销售也多样化，有竞争力的媒介将赢家通吃，随着时间的推移，市场将日趋垄断。

不过，由于市场同时又是高度开放的，现有媒体不仅要面对激烈的现实竞争，而且要面对潜在对手的竞争，竞争的激烈前所未有。因此，加速推进市场化进程成为媒体融合时代各新闻单位的必然选择。

二、新闻网站与媒体融合

新闻网站是传统媒体集团媒体融合战略的先驱，肩负着探索传媒体制转轨和形态转型的重任。荆楚网新媒体集团的上市就是湖北日报传媒集团实现其媒体融合发展"全媒体多元化"发展战略的关键一步。

湖北日报即将迎来65年华诞。从随州农家小院走到东湖路181号，我们湖北日报风风雨雨，几代新闻人的努力，当年创办都市报、金报、特别关注、包括进军房地产业一系列的战略决策，几代人的努力使我们集团没有落后时代的步伐。现在"狼来了"，我们应该怎么办？省委宣传部同意集团发展的战略是全媒体、多元化，这六个字就是我们跟上时代步伐、不被时代淘汰的战略举措，这六个字跟我们在座的息息相关，没有新媒体就不能称之为全媒体，没有新的新闻生产方式，我们传统的生产方式也不会出现新的变革。[①]

问卷调查数据表明（见图6-1），荆楚网员工也高度认同上市后应该抓住国家鼓励媒体融合的发展机遇。

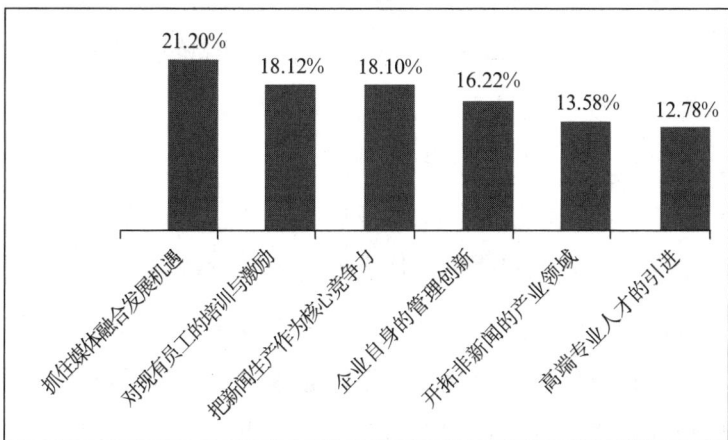

图6-1　上市后荆楚网应更注重的方面[②]

中央在《关于推动传统媒体和新兴媒体融合发展的指导意见》中明确提出，要在未来3—5年内打造新型主流媒体，并且提出新型主流媒体应拥有的"四力"：强大的实力、影响力、传播力和公信力。

可见，国家通过媒体融合建设新型主流媒体的最终目标是掌握强有力的话语引导权，特别是在重大危机事件、突发性事件发生时，提供坚强的思想保证、舆论支持、精神动力和文化条件，从而具备强大的传播力和引导力。

---

① 摘自2013年12月28日湖北日报传媒集团总编辑助理、网络公司总经理张先国《两个规律促两改 奋发图强冲上市》的讲话。

② 根据2015年2月13日到2015年3月13日问卷星平台调查的数据分析整理。

第二节　媒体融合的产品创新与流程再造

亨利·詹金斯认为，"融合是一个过程，而不是一个终点"。[①]在我国，媒体融合已经上升为国家战略，这就意味着传统媒体必须改变已有的话语权掌控方式，主动和新媒体融合，进而实现自身的现代化转型。

目前，我国传统媒体融合发展的路径主要有两种选择：一是自身进行体制机制改革以从内部推动完成转型；二是传统媒体与新媒体创造条件进行合作，以从外部推动完成转型。

湖北日报传媒集团显然是以前者为主，选择了将自己创办的荆楚网做成新三板挂牌上市的新媒体集团，并以此推动整个集团的媒体融合发展战略。

一、产品配置：由单一媒体到多类终端

对传统新闻媒体而言，紧跟国家政策要求迅速推进媒体融合，必须在组织管理、经营策略、战略定位等诸多方面实行变革。作为传统媒体的延伸，新闻网站同样也需要顺应媒体融合的大势，寻求路径突破，进行产品创新。

在荆楚网的访谈中，受访者都对传统媒体用户流失严重表示忧虑，认为报业的发行和广告已经跌到了历史谷底。除了自

①　［美］亨利·詹金斯：《融合文化：新媒体与旧媒体的冲突地带》，杜永明译，商务印书馆2012年版，第41页。

身生存困难外，主流媒体在新兴商业媒体和自媒体夹击下，话语权的弱化是更值得忧虑的事情。受访者均认同媒体融合的紧迫性和时代意义逼着主流媒体必须转型，逼着新闻观念必须变革。

湖北日报传媒集团的战略是，以荆楚网作为媒体融合的实践者，成立新媒体集团，创设全媒体平台，研发全媒体指挥中心，构建全媒体采编一体化机制，具体到新闻生产上，就是强调用共享、互动的互联网思维进行内容建设，用激发和满足用户需求的产品思路创新新闻生产。这些理念的直接体现，就是新闻报道由单一媒体独立运行转向了多种媒体的融合传播，形成了多终端的产品配置。

为适应媒体融合趋势，荆楚网的新闻产品日益丰富。从传播渠道看，从单一PC端开始向移动端转移；从生产理念看，从重视整合到重视原创；从包装形式看，产品包装紧跟新技术的可视化。

首先，大力打造全媒体传播平台。建设荆楚网、大楚网等5个PC端的网站平台。积极抢占移动互联网阵地，先后创办湖北手机报、荆楚网微信微博、"动向"新闻客户端、"去运动"、楚天神码客户端和遍布全省的1000多台电子阅报栏和户外大屏等，形成综合运用图文、图表、动漫、音视频等多媒体方式的报道能力，已实现超3000万的日均用户量。

样本1在访谈中表示：

> 我所做的报道除了发布在PC端网页外，在"动向"客户端、神码手机客户端、湖北手机报、楚天尚漫、官方微博、微信公众号等平台发布。基本做到了网络全媒体覆盖。我们跟别人比，写稿子确实写不过《湖北日报》《湖

北都市报》，那我们就只能使用全媒体的传播方式，传播形式上第一个我们有我们的采访视频，第二个我们有我们的组图，我是要求他们拍了很多照片之后要发组图，第三个是我们的微博话题，然后再就是每次我们写的稿子都在PC端网页、"动向"客户端、神码手机客户端、湖北手机报、楚天尚漫、官方微博、微信公众号等平台全媒体发布。

其次，用互联网思维做内容，实现新闻的网络化表达。一方面，不断推进传统媒体改版创新，推出思想性强、观点鲜明的深度报道和评论言论，以专业权威的品质、快捷精简的传播、多媒体化的展示、分众化互动的服务向新兴媒体延伸拓展。另一方面，实现新闻的网络化表达，创新权威信息的表达呈现方式，综合运用图文、动漫、音视频等多种形式，通过网络、手机报、客户端等多个终端平台进行传播。

2013年12月，荆楚网开始改版，鼓励新闻产品创新，更具吸引力点击率。

改版的根子在于改文风，现在我们到处充斥着平庸的报道，"画虎不成反类犬"。我们从上开始到中间层到每个记者、编辑员工，要牢牢记住创意策划为魂，没有创意、策划，我们的报道就很难出彩。[①]

改版中，荆楚网自我评价，现在出自湖北日报新媒体领域的产品总体来说可读性欠佳，缺少吸引力。这一次改版要求在表达方式上适应传播介质的变化，让新闻产品具备吸引力，要让读者爱看，达到舆论引导的有效性。

荆楚网在改版中提出，核心在于网络化表达的改造。

---

① 摘自2013年12月28日，湖北日报传媒集团总编辑助理、网络公司总经理张先国在"两改"动员会的讲话。

为什么新闻网站不能盈利？我们中国的新闻网站基本上是传统媒体的翻版，特别是QQ聊天工具、微博、微信普及后，网友的民间表达带来了冲击。从人民网、新华网到荆楚网，我们基本上都是将传统报道原封不动地克隆到我们电脑屏幕上，表达话语体系产生了隔膜。如果我们还是用传统办法做传统媒体的电子版，我们是没有出路的。网络化表达就是口语化、通俗化，就是把我们习惯于用书面化表达的纸质新闻来进行网络化改造，就是大白话。大家就要说大白话，要写得通俗、明白，就像与朋友、家人在聊天。①

对网络新闻生产而言，在市场化进程中，在媒体融合的路径选择下，会在新闻生产中更加强调用户体验，而不是传统意义上的"新闻质量"，在产品形态上不知不觉地推崇"视觉至上"，而不是新闻专业主义的"事实至上"。大家越来越重视用户感受，不断满足受众需求，更加追求点击量，更加追逐日新月异的技术创新，再次印证了其新闻生产的偏向由"硬"变"软"。

二、突发事件报道：多端传播与流程再造

市场化进程中的媒体会格外看重突发事件的报道。因为在突发事件发生时，新闻理论与市场理论得到了完美统一。

麦克马纳斯提出了新闻生产的市场理论：一个事件（议题）成为新闻的可能性，与信息可能对投资者、赞助者等各方

---

① 摘自2013年12月28日，湖北日报传媒集团总编辑助理、网络公司总经理张先国在"两改"动员会的讲话。

造成的损害成反比；与报道新闻的成本成反比；与所吸引的广告商愿意为之出资的目标受众规模成正比。①而新闻生产的新闻理论应该是：一个事件（议题）成为新闻的可能性：与事件的重要性成正比；与认为内容重要的受众规模成正比。

尽管两种理论的差异处多于相似处，但它们也并非水火不相容。有时一些突发事件，比如火车或飞机失事等悲剧事件，不仅不会威胁到广告商和投资者的利益，而且报道的成本也不高，还能广泛吸引目标受众的关注，自然能够得到两方面的认可。

以上论述，在荆楚网的新闻生产中再次得到了印证。

2015年6月1日，隶属于重庆东方轮船公司的"东方之星"客轮，由南京驶往重庆，21时30分，在长江中游湖北监利水域突遇龙卷风沉没，导致442人遇难，酿成了1949年以来长江水域最大的沉船事件。

对"东方之星沉船事件"的报道，是一场"新闻大战"。占据地利之便的荆楚网，更将之作为上市后新闻生产的一次大考。笔者以这次报道为例，分析荆楚网在突发事件中的新闻生产。

为还原荆楚网当时对此事件的报道情况，笔者于2015年6月9日和6月15日分两次对荆楚网参与"东方之星"报道的人员进行焦点小组访谈，参与访谈者第一次为9人，第二次为6人，有一线记者、后方编辑，还有值班总编。本研究访谈对象的构成，涵盖了流程创新的关键环节，具备了一定的代表性。根据相关文献资料和焦点小组访谈的情况，笔者概括了荆楚网"东方之星"报道的特点。

---

① ［美］麦克马纳斯：《市场新闻业——公民自行小心》，张磊译，新华出版社2004年版。

（一）实现了超常的新闻生产效率

事故发生后，荆楚网迅速行动，6月1日晚，荆楚网连夜组织10人的报道组赶赴监利，2日清晨便抵达沉船现场。该网记者余宽宏成为全国第一个登上现场救援船的记者，并在救援船上蹲守两天一夜，发回《一65岁老太太十多个小时后沉船中获救》《沉船事故现场又救起一人 获救人数增至14个》等20余条独家报道，拍摄图片200余张、视频9段，实时跟进报道救援进展，成为6月2日当天最新最权威的报道来源，牢牢占据各大门户网站首页，并接到中国青年报、山东卫视、浙江卫视、华尔街日报、美联社等的连线请求。

6月2日12时40分，荆楚网发布微博"帮助乘客亲属寻人"，48小时内收到十几名网友私信和来电，荆楚网及时转发寻人信息，并传达给前方记者帮助寻找。

截至6月7日18时，荆楚网共发布东船翻沉事件新闻稿件近110多条，转载稿件300多篇，照片400多张，原创视频32条，录制访谈节目1期，整合视频内容120多条。其中《监利沉船事故现场救援车辆排长队 记者徒步前进》《现场记者直播：多个救援队伍待命 已设置救援指挥部》《船体中3人已和救援人员通话 等待潜水员施救》《湖北多家医院派出医疗队赶赴监利沉船现场》等新闻，均第一时间及时发稿，被100多家网站转载，并被荆楚网、腾讯网等门户网站推荐。其中题为《李克强抵达客船翻沉事故现场 雨中慰问救援官兵》的报道被新浪网、凤凰网、腾讯网等首页重点推荐，仅在腾讯网上，网民留言就超过1.1万条，网友纷纷跟帖，如"看到总理凝重的表情，心中也为遇险的朋友们加一把劲，加油，挺住！总理和一线官兵都在奋力抢救你们，背后还有全国14亿同胞在为你们祈福"。

荆楚网"东湖评论"栏目还根据救援进展和舆论环境变化，策划发布了系列评论34篇，被人民网、新华网、新民网、中国网、解放网、大河网、网易网、搜狐网等150多家网站转载400余次。央视、江西卫视等电视媒体在节目中也引用了荆楚网原创评论，取得了良好的舆论引导效果。

在音视频报道上，荆楚网发布原创视频32条，整合专题及新闻发布会报道45条，荆楚网平台点击量超7万，全网点击量超30万，并在"动向""神码"等移动客户端平台上推送。部分视频被新浪视频、第一视频、土豆等视频门户网站抓取转载。6月2日当天，荆楚网云图航拍的无人机对现场进行了多次拍摄，拍摄的大量沉船救援现场的照片和视频，被央视焦点访谈、湖北日报等数十家主流媒体头条头版引用。其中一段视频，短短3个小时，在腾讯视频上点击量过千万。

在"两微一端"，荆楚网新浪官方微博共发布现场实况微博84条，浏览量2536.6万人次，转发达4591条，评论5081条。微博话题"#东方之星客轮倾覆#"点击量达782万人次，3821名网友参与话题讨论，成为本地热门话题排行第一名。

根据前方记者一手消息，通过大量现场救援图片、航拍图、图解漫画、视频等多种展现方式，全方位、多条快发报道现场情况，成为国内外媒体和网友了解事件进展的焦点。新浪、腾讯、网易等各大商业网站均采用荆楚网微博内容进行实时播报，法新社、新华社"我在现场"客户端、澎湃新闻等纷纷致电荆楚网询问现场情况，联系转发。其中，6月3日由荆楚网记者现场发回的救援方案微博，发出后20分钟内评论突破

1280条。

动向客户端则开设专题、直播帖、滚动大图以及首屏重点新闻、视频新闻等，开展了全方位的图文直播和聚焦报道。

荆楚网发挥地域优势发布大量新闻报道，成为这一重大突发事件报道的重要参与者，获得公众与业界的认可。湖北省网信办编发的《网络新闻阅评》"有力、有序、有情——为我省网络媒体'东方之星'翻沉事故报道点赞"中，阅评员高度评价了荆楚网的报道，认为在这次"东方之星"翻沉事故宣传报道中，以荆楚网为代表的网络媒体起到了网络舆论压舱石的作用，为该事件网络舆论的平稳健康发展奠定了基础。

（二）创新了多端传播的生产流程

"东方之星沉船事件"中，荆楚网新闻生产实现了多端传播。以下，笔者重点从新闻生产流程创新的视角进行分析。

在新媒体时代，新闻生产不再是一个线性结构，在每个环节中都可能包含"控制—反馈"的互动过程。我们将从采集、加工、发布和反馈这4个环节来考察荆楚网的新闻生产流程。

首先，荆楚网在此次突发事件中进行了多媒体信息资源的采集。

在新媒体时代，原创性内容仍是专业媒体的核心竞争力之一。"东方之星沉船事件"是荆楚网第一次派记者参与的国际性大事件，整体来看报道是比较成功的，不仅发布了大量报道，在报道之初还借助地域优势发布了一些有影响力的报道。其中，2日、3日的报道是最出彩的。2日只有荆楚网在用无人机进行报道，传回去的视频在腾讯点击量过千万，且央视焦点访谈用的资料也来自荆楚网。2日是荆楚网最占优势的一天，荆楚网占据各大门户网站的首页。3日很多报纸用的航拍图都是荆楚网无人机拍摄的。

多媒体信息资源的采集是新闻生产流程创新的起点。这就需要新闻记者实现从"单介质"的采写部队向"多媒体化"的采写部队的转变。"东方之星"沉船事故现场情况复杂，灾难场面宏大，荆楚网第一时间派出无人机三人采访小组，无疑是作出了正确的选择。

但荆楚网这次的多媒体的采写并不完美。采访设备准备不足是其原因之一。有访谈对象透露：

样本1："我们去了文字记者4人，视频记者3人，航拍记者3人，且因为设备的问题，没有卫星直播车，视频记者的素材不能第一时间传回来。"[①]

另有访谈对象样本12称："我的相机拍摄的照片没有办法传送回去。"[②]

样本13："当时在指挥部的时候，我们一个同事和总理握手的画面，因为没有广角镜头，没有把图片拍摄下来。"[③]

新媒体时代新闻生产的竞争，有时候更是采访设备的竞争。有好的采访时机，却没有先进的采访设备与之配合，这是非常遗憾的。

多媒体信息资源的采集需要新闻记者创新采写技能。有访谈对象直言："我自己用手机拍摄了现场的视频，但经验不足，没有考虑添加画外音的现场报道。"[④]

突发事件的采访需要集团协同作战，统筹安排文字记者、

失衡与再平衡——中国新闻网站上市现象研究

---

① 根据笔者6月12日焦点小组访谈资料。
② 根据笔者6月12日焦点小组访谈资料。
③ 根据笔者6月12日焦点小组访谈资料。
④ 根据笔者6月12日焦点小组访谈资料。

摄像记者和摄影记者形成一个特别小组，共同完成采访。在对荆楚网记者的访谈中，有访谈对象称事发后凌晨3：40多接到消息，但由于反应速度不够快，先同事集合，后等直播设备、视频设备，最后4：40才从武汉出发。

突发事件发生后，能否及时反应，涉及新闻生产流程是否通畅的问题。有访谈对象遗憾地说，"找遍了整个荆楚网竟然找不到一台相机，抽屉都锁起来了，直接拿着手机出发了"，这样的失误原本是不应该出现的。

其次，荆楚网实行了多形态的新闻加工。

在新媒体时代，原创性内容仍是专业媒体的核心竞争力之一。但不能忽视的是，目前的新闻信息来源多种多样，包括：UGC（用户生产内容）、摘录、原创与整合。但UGC内容不仅庞杂且碎片化，而且往往隐藏着虚假信息，这时媒体的摘录、鉴定与整合作用就显得格外重要。

新闻生产的流程创新，将更加重视对信息后期的过滤、提炼、分类等整合处理。作为一个刚刚成立半年的新媒体采编团队，荆楚网在此次报道中虽然取得了一定成绩，但编辑加工与策划能力不足也是明显的。

我们看到，荆楚网为"东方之星沉船事故"制作了3个救援、哀悼和善后专题。这3个专题各有重点，也各有不同风格，体现出了荆楚网后方编辑在加工与策划上的努力。在表现形式上，救援这个专题中采用了大幅图集、视频、微视频、图解新闻等多种形式。在内容整合上，荆楚网将微博互动、网页互动都整合在页面当中，既为网页提供了内容，也为网民提供了互动的渠道。其中，由于"东方之星沉船事故"事发地在湖北，属于本地事件，荆楚网专门策划"湖北消防部队参与东船翻沉救援纪实"这样的小专题，可以体现新闻的差异化与接近性。借助楚天尚漫的优质资源，荆楚网对事故进行了动画解读，成为其新闻生产的亮点。

但后方编辑加工与策划新闻能力也有不足。有访谈对象称，从前方传回后方的素材使用率低，很多素材都没有被使用。后方的信息加工能力急需进一步提高。另有访谈对象反思认为，从稿件、指挥还有设备来看，都比传统媒体慢，比传统媒体质量差。能否充分利用前方发回的采访素材，能否为前方提供可行的采访方案，这是荆楚网新闻生产流程创新中要重点解决的问题。

在新媒体背景下，云计算、大数据等新技术因素使新闻加工呈现出多形态，这对编辑的要求更高。能否掌握多形态新闻加工的技能，将决定新闻生产流程创新的成败。

再次，荆楚网实行了多平台的产品发布。

荆楚网不仅只是一个网站，也有自己微博、微信公共号。在"东方之星沉船事故"中，荆楚网通过多平台的产品发布，取得了较好的传播效果。有访谈对象透露，报道中荆楚网的流量达到历史上最高峰，是之前的3倍。[1]在此次报道中，微博增长了1万多粉丝，阅读量8000多万次，转发1万多次，评论1万多条。[2]

面对新媒体的激烈竞争，有传统媒体思考，在既有新闻生产流程尝试引入"中央信息厨房"的工作机制，意图通过仿效餐饮行业"中央厨房"的标准化操作，来降低新闻生产成本，提高新闻产出效率，满足全媒体发展需求。

---

① 根据笔者6月9日焦点小组访谈资料。
② 根据笔者6月15日焦点小组访谈资料。

有访谈对象称，在这次报道中，各个部门根据需要各取所需，相当于"中央信息厨房"的工作方式。微博把内容改为微博体，荆楚网把内容改为消息。甚至有访谈对象称，应该由要闻组负责内容生产，做"中央信息厨房"的供应商。[①]

但荆楚网"中央信息厨房"的报道架构却是浅层次的，因为他们采取的是"QQ群聊天记录"的方式。有访谈对象建议，将来希望可以稿件一键签发，实现到所有的平台，这个技术应该是可以实现的。访谈者用澎湃新闻网作为对比，认为澎湃新闻网采用打电话口述新闻，后方负责整理的方式，发稿便捷，荆楚网可以学习这种方式。在船上，电力是非常重要的，就应该学习澎湃新闻网这种方式。澎湃新闻网后方有领导指挥，告知前方需要采访的内容。

最后，荆楚网重视了多渠道的用户反馈。

在今天的新闻生产中，受众既是受者又是传者，常常参与到媒体的议程设置中来。受众资源常常成为信息来源。因此，媒体应该利用PC、手机等多种终端，多渠道地接收受众的反馈意见，激发受众的参与性和创造性，使新闻生产适应网络时代的需要。

新媒体时代，根据用户需求分发内容产品，已经成为新闻生产的核心环节。用户的反馈能够帮助新闻生产者了解什么样的内容能令受众获得满足，在多平台的新闻生产中，必须全方位了解用户需求，并根据用户的需求主动推送信息，以降低用户信息获取成本，提高用户选择的可能。

在"东方之星沉船事故"中，荆楚网重视用户反馈。在

---

① 根据笔者6月15日焦点小组访谈资料。

救援这个专题中，就有评论、微信、微博、网友留言和祈祷祝福这5个互动版块，而且有荆楚网、湖北日报、大楚网的寻亲热线。这样的版块设置，不仅满足了网民对灾难事故的情感需求，能为网民提供服务，同时也为新闻报道提供了内容。但是，如何及时获取用户反馈，以适应不同平台特点，提供各具特点的内容，是荆楚网流程创新需要继续探讨的问题。

其他媒体收集用户反馈的经验值得荆楚网借鉴。比如，在报道此次沉船事件时，新华网没有使用以往的祈福、直播、在线寻人平台等传统方式，而是采用了网民Q&A的形式，通过对贴吧、论坛、微博上网民的留言进行提炼，找出网民最关心的问题，并用专业网民提供的专业知识去解答诸如"为何不把船尽快扶正""为何不尽快切割船体"等问题。

综上所述，由于在突发事件的报道中，既能展现新闻专业能力，又能服务政府做好舆论引导，还能兼顾受众需求、凸显媒体的品牌效应，新闻理论与市场理论得到了完美统一，因此，荆楚网在上市后，第一次参与"东方之星沉船事件"这一国际重大突发事件的新闻竞争，即全力以赴，体现出上市后致力于媒体融合的多端传播与流程创新优势，取得了较好的传播效果。

三、楚天尚漫：跨界产品策略分析

楚天尚漫成立于2012年年底，是湖北日报新媒体集团下属的全资子公司。在内容建设上，楚天尚漫是新媒体集团提升传播力、影响力、公信力的核心新闻资源，承担网络化表达改造、媒体融合的创新探索的重要任务；在经营模式上，楚天尚漫是主题宣传、舆论引导、危机公关应对的重要营销板块；在公司属性上，楚天尚漫是内容产品服务型的媒体公司。

楚天尚漫是全国唯一一家专业从事新闻动漫创作的媒体公司，与其他新闻媒体相比具有表现形式上的独特性，与商业专业动漫公司相比，其依托湖北日报传媒集团，具有政策扶持及品牌公信力优势。

楚天尚漫的新闻动漫主要围绕国家和湖北大事要事，利用动漫即视化、个性化、幽默化的方式，借助新媒体的传播渠道，开展主题宣传、形势宣传、成就宣传、典型宣传等。正如采访者所说，"荆楚网的新闻动漫业务从一开始就制定了'盯大事、盯热点'的创作方向，作品一经推出，社会效果显著"。

迄今已发布原创作品近万篇，制作了数十个系列漫画，开设了以"XYZ新闻三剑客"为代表的一系列专栏专题。

2013年6月，楚天尚漫围绕"群众路线教育实践活动"创作了96幅漫画，作品被数十家网络媒体转载，其中有10幅作品被《中国监察》杂志刊载。楚天尚漫以作风建设、反腐倡廉为题材创作的作品，入选中央纪委主办的2013年廉政漫画作品大赛并亮相中国优秀廉政漫画作品3D网络展。

围绕全国和我省"两会"创作的《2014年政府工作报告"八大新鲜词"》《两会"那点事儿"》《湖北两会"十件大事"/"十件实事"》，围绕APEC会议创作的《"APEC蓝"从哪儿来？》，围绕十八届四中全会创作的《习近平关于法治的论述》等，社会影响较大。

2014年4月，轰动全国的刘汉、刘维案审判期间，楚天尚漫推出了系列漫画《解析刘汉、刘维黑道》。

2015年，楚天尚漫创作的国家领导人漫画作品《"新中装"合影出炉 领导人萌萌哒》获得第25届中国新闻奖新闻漫画类一等奖。

从楚天尚漫的以上作品可见，楚天尚漫在主题宣传上积极探索网络化表达，同时又通过差异化跨界竞争的营销路线取得了成功。楚天尚漫总编辑张剑提出，楚天尚漫公司"需要按照市场规律去研究新闻生产创作，去寻找媒介产品的项目和发展路径"，"第一个就是市场需要什么样的信息服务类的、媒介产品类的，我们就去开发这些项目，去吸引投资。第二个有了市场的需求，我们新闻创新的动力就从自发变为自觉"。

2013年，与湖北省公安交管局合作生产《交规总动员》系列动漫产品，出版了1本全彩漫画单行本、1部同名动画、1款基于苹果iOS系统、谷歌Andriod系统的APP应用。《交规总动员》漫画单行本首次印刷5万册，通过湖北各地公路管理处、运政管理处、道路运输管理处、交管大队、驾校、车辆办证大厅、安全服务站、检查站等向司机和准司机免费发放，并通过新华书店系统、当当网等网上商城销售。

2014年年底，楚天尚漫自主开发了湖北省首款为武汉市争创全国文明城市的综合教育类手机游戏"文明跑酷"。该游戏把"文明创建"这一主题游戏化，设计出武汉城市形象和典型人物的真实场景，通过"跑酷"这一游戏载体，面向大学生等青少年群体，传递文明理念，宣传先模人物，展示城市形象。

2014年，楚天尚漫以武汉市革命博物馆为合作试点，联合开发14种红色革命类动漫衍生产品，包括创意活页笔记本、便笺纸、纸胶带、不干胶贴纸、图章、徽章、卡贴、卡套、明信片、雨伞、文化衫、帆布笔袋、马克杯、参观游览卡。这一系列文创产品不仅丰富了武汉市革命博物馆的展品种类，也为游客提供了更具有现代时尚元素的纪念品。

2014年，楚天尚漫以湖北省级非物质文化遗产徐苟三的传说故事为原型，创意策划了"智慧少年徐苟三"动漫项目。2014年8月起，"智慧少年徐苟三"全彩多格漫画在荆楚网以连载的方式更新，相关BBS论坛、官方微博微信同步发布，迄今网络综合点击量突破500万人次。2015年1月1日，该漫画正式面向社会首发。同时，楚天尚漫以该动漫项目为基础，与仙桃市委宣传部合作，在"湖北旅游名街"——沔街大道，建设"智慧少年徐苟三"动漫体验馆。

作为荆楚网上市后精心打造的跨界媒体产品，楚天尚漫"盯大事、盯热点"的创作思路，创造性履行了宣传功能，符合其作为党的宣传阵地的自我定位，既获得了政治资本，也通过获得中国新闻奖，得到了媒介场的专业认可，从而可能探索让政府采购创意性公共服务这一盈利模式，实现政治资本与经济资本的顺利兑换。

第三节　产品创新中的失衡与再平衡

媒体融合重塑了传媒业的市场结构，强化了传媒市场的竞争，加速了传媒业的市场化进程。新闻网站作为传媒集团媒体融合战略的先驱，肩负着探索传媒体制转轨和形态转型的重任。新闻网站的上市，也是抢抓媒体融合机遇的产物。人民网致力于打造"中央信息厨房"，新华网成立国内首个人工智能传媒实验室和全国性新闻无人机编队，都是致力于新闻的全媒体化和移动化呈现。

荆楚网的上市，也是湖北日报传媒集团实现媒体融合发展战略的关键一步。可以说，荆楚网通过市场的力量，倒逼了新闻生产业态的创新，探索了生产流程的再造，提高了新闻生产的效率，其作为大众传播媒介的潜能不断被激活，在传播理念上，正在完成由传者本位向受众本位，由宣传本位转向新闻本位的转变。

这一变化，直接体现在荆楚网进行了产品创新与新闻生产流程的再造。在探索媒体融合过程中，提高了新闻生产的效率，呈现出新闻产品的多样化，在突发事件的报道中表现突出。2015年，荆楚网获得了3个中国新闻奖。新闻报道质量的提升，需要资金和人力的投入作为支撑，这应该是市场化对新闻内容生产的良性影响。

但是，我们也同样看到了荆楚网新闻生产中的失衡：荆楚网在市场化进程中立足于获取经济效益和社会效益去进行产品创新，使其在新闻形态上更加重视用户体验，满足用户需求，追求点击量，注重技术创新，再次印证了其新闻生产的偏向由硬变软。一些看起来很吸引人的新闻产品，很有可能是空洞无物的，媒体作为社会守夜人、公正代言人的职能，反而在产品创新中未被重视和强调。如何实现新闻生产中的再平衡？这一问题仅靠媒体的自我认识与自我纠正很难解决，以下章节我们将探讨新闻失衡的深层次原因。

第七章　新闻网站的身份
纠结与新闻失衡

　　通过前面各章对荆楚网新闻生产现状的观察分析，本书发现了一些挑战现有共识的有趣现象：

　　首先，一般来说，在自由的市场竞争中，传媒业与消费者之间是充分自由协商基础之上的一种相对平等、非强制性的关系，一个处在市场自由竞争中的新闻媒体，其获得生存的根本应该是向公众提供优质的信息服务产品。也就是说，充分的竞争应该有利于媒体的专业自治。可是，新闻网站在市场化进程中却不断发生自身经济利益与职业伦理道德的冲突，在新闻生产中市场新闻学占了上风，呈现出的是公众想要的可营销、有卖点的新闻产品，却不一定是公众需要的优质信息服务。概而言之，新闻网站在市场化进程中兼具了权力与市场，却在一定程度上忽视了公众，政治理性、经济理性与文化理性没能有效平衡。

　　其次，一般来说，媒体的市场化程度与其对党和政府的依赖程度成反比，但是我们在荆楚网的新闻生产中并没有发现这个变化。荆楚网作为市场化的主体，自身并不排斥政策推动下的市场化不彻底不完全，而且，还希望在市场化进程中能够享受更多的政策保护，希望能在经济场与政治场之间左右逢源，将政治资本转化成经济资本。

再次，一般来说，意识形态主导型的新闻业可以不计成本地进行宣传和舆论引导以达到追求社会效益的目的，并不在意谋求效率以及利润的最大化。而我国政府却通过密集出台文化体制改革政策积极推动新闻网站的市场化进程，国家把市场化作为一种政策工具，但其使用目标却复杂多元，既希望新闻网站做大做强，获得市场利润，又希望提高舆论引导力、获得政治宣传的社会效益，确保国家在舆论场中的绝对话语权。

最后，一般来说，国家的政策目标可以有效贯彻。国家对于新闻网站市场化的政策目标在于，通过市场这个工具倒逼新闻网站提高新闻生产的质量，从而增强舆论引导能力，巩固国家在互联网时代的话语权。这个意图，在本文第三章对新闻网站和媒体融合相关政策分析中已经清楚阐述了。但是，从我们对荆楚网的新闻生产观察来看，国家这一政策目标，在荆楚网的新闻生产实际中已经部分走样了。

荆楚网在市场化进程中的这些悖论如何解释？以下章节，将分析我国新闻网站应然的身份定位和实然的身份纠结，来寻找新闻失衡的原因。

第一节　上市后新闻网站的三重身份

在市场化进程中，荆楚网拥有了三重身份：

一是作为组织传播工具的"喉舌"。重点新闻网站定位为"党的喉舌",是作为组织传播工具而存在的,必须服从党组织的宣传需要,必须坚持政治家办网。

二是作为公务服务产品的媒体。新闻网站作为面向社会公众的大众传媒,天然承担着环境监测、社会协调、社会遗产传承、提供娱乐等传媒一般功能,应该满足公众的知情权。

三是作为独立市场主体的上市公司。完成转企改制在新三板全国股权转让系统挂牌的荆楚网,面对激烈的市场竞争,必须确保自身经济效益最大化。

理想状态下,这三种身份是处在不同的场域中,具有不同的逻辑和目标导向:处于政治场域中的党媒以宣传为目的,处在经济场域中的上市公司以经济效益为目的,处在媒介场中的公共媒体强调媒介专业自治。

一、作为宣传平台的新闻网站

"党管媒体"是我国传媒行业政府规制的基本原则,"喉舌论"是我国媒介功能的基本定位。

荆楚网作为"党的喉舌"应该是政治目标导向的媒介组织,把媒介产品作为政治宣传的工具,谋求政治价值。

"新闻网站"一词在我国政治经济语境中有特定的语意,是否具备新闻采编权,成为新闻网站和商业网站之间最本质的区别。

2015年11月6日,一则《594名网络记者获发记者证 时政类报道向网络媒体全面放开》的消息被各大网站在首页刊载。[①]首批获发记者证的网站是人民网、新华网等14家中央主要新闻网站。国家互联网信息办公室规定，网站必须具有一类新闻信息服务资质才能申请新闻证，暂时不考虑在商业网站核发记者证。

国家不但在新闻资质方面对新闻网站作出了有别于商业网站的制度安排，而且在推进新闻网站市场化进程的政策设计中，也充分体现了"党的喉舌"这一定位。

中央外宣办下发的《关于积极推进新闻网站转企改制和上市融资的意见》（〔2011〕10号）是目前新闻网站市场化进程的依据性文件。在转企改制的基本工作方法中，明确提出"试点网站要按照党的领导与现代企业制度相结合原则，建立现代法人治理结构"，"在公司内设立党的组织机构，并提供、创造条件开展党的活动"，"设立编辑政策委员会，负责网站内容的审核，落实党的宣传政策，切实保证正确的舆论导向"；在转企改制的工作要求中，明确提出"确保党的领导"，"确保互联网新闻宣传工作的领导权牢牢掌握在忠于马克思主义、忠于党、忠于人民的人手里"。

总之，国家试图通过转企改制促进新闻网站的市场化以提升其市场价值，但又必须确保党管媒体这一原则不能变，必须确保新闻网站作为"党的喉舌"这一定位不能变。所以，国家的政策设计是将荆楚网作为宣传平台。

---

① 人民网：《国家网信办就"首批新闻网站记者证发放"答记者问》，见 http://politics.people.com.cn/n/2015/1106/c1001-27787352.html。

二、作为市场主体的新闻网站

新闻网站在市场化进程中，通过转企改制成为市场主体，甚至是上市公司，就必须为投资人利益提供利润增长的服务，把媒介产品的生产看作是商业运作的过程，获取经济价值。

经济场中只认市场逻辑，在市场逻辑下，媒体就是企业，受众就是消费者，新闻就是商品，新闻生产必须考虑投入产出比，以获取自身利润的最大化。

麦克马纳斯提出了新闻生产的市场理论：一个按照市场规律运作的媒介企业，必须同时在新闻源、受众、广告和投资市场这四个市场上展开竞争。[①] 由此形成了两种内部规范：新闻规范和商业规范。

新闻规范要求新闻应当提供优质的公共信息服务，推动社会民主的发展；而商业规范则要求新闻尽量去满足市场需求。在市场化进程中，当两种规范发生冲突时，后者常常压制前者，进而造成的社会后果是，为了维护媒介企业的商业利益，就会牺牲社会公众的利益，人们无法通过媒体的报道获得周围环境的真实资讯，相反，媒介生产出的大量信息含量不高的"垃圾新闻"，使公众沉醉于鸡毛蒜皮之中，不再关心、参与公共事务和民主进程。[②]

---

① ［美］约翰·H.麦克马纳斯：《市场新闻业——公民自行小心》，张磊译，新华出版社2004年版。

② ［美］约翰·H.麦克马纳斯：《市场新闻业——公民自行小心》，张磊译，新华出版社2004年版，第5页。

三、作为公共媒体的新闻网站

媒介是公共领域的重要组成部分，是公众发表、交流和参与涉及公共利益的事件的场所。文化权力是最重要的公民权之一，但是要实现完整的公民文化权，媒体必须保证能够提供有关这个世界的真实全面的信息，并让人们有可以公开表达自己观点的渠道。

英国学者布赖恩·麦克奈尔概括了5种媒体的基本功能，即：监控社会、教育民众、公共平台、监督政府、政治讨论。也有传播学者将大众传媒的公共职能概括为3种：1.出版自由；2.为社会各种声音提供平等、公正、均等的表达机会；3.社会秩序和团结。

无论哪种观点，都殊途同归地指向了媒介对公共利益的维护。但媒介服务公众的前提是最大限度地保持独立性与自治权，尽量不受其他力量的控制，其中，政治与市场是最大的两股控制力量。

无论如何描述，非商业性和非政府性都是"公共媒体"的基本标准，理想中"公共媒体"的新闻生产一定是既不以宣传为目的也不以营利为目的，媒介产品应该追求的是社会价值。

但是，现实生活中，媒介场的独立性不是完全的，而是半自主性的，它受到政治场、经济场、文化场、公众生活场的影响和制约。在各种场域力量的作用下，荆楚网在新闻生产中面临着"我是谁？"的困惑。

第二节　三重身份的纠结

宣传平台、公共媒体、市场主体，这三重不同类型的身份，对应着不同的组织目标、受众定位和传者角色。新闻网站在新闻生产中需要同时兼顾三重身份，会形成实然中的身份纠结。

一、组织目标的纠结

不同类型的身份，对应着不同的组织目标。刘年辉将媒介组织区分为5种类型：（1）以市场利润为主要目标的商业媒介组织，如《太阳报》；（2）以市场利润为主要目标，但体现出一定的政治目标的政治性商业媒介组织。如《纽约时报》；（3）主要为了从事政治宣传但也从事一定的商业活动的商业性政治媒介组织；（4）主要为宣传政党、政府的政治主张，不以营利为目标的政治媒介组织；（5）主要为公众提供高品质、专业化的信息服务为目标的社会性媒介组织。如：BBC。[①]

目前，荆楚网在市场化进程中，应该说是由上述（4）政治媒介组织演变成处在（2）和（3）之间的媒介组织，兼具市场目标与政治目标，社会目标在一定程度上被忽略。

组织目标直接决定了新闻生产的逻辑。田秋生详细地探讨

---

① 刘年辉：《利益博弈与身份呈现——媒介组织作为经济组织的可能性与约束条件》，《北京理工大学学报（社会科学版）》2005年第7期。

了宣传逻辑、新闻逻辑与市场逻辑三者之间的冲突与相容，认为对中国的媒体而言，宣传逻辑是刚性的，因为有人事制度、宣传纪律等强制性、制度性的保障；市场逻辑也是刚性的，因为决定媒体的生存状况；新闻逻辑则是弹性的，主要依靠媒体的自律，因此在市场化进程中媒体最有可能牺牲的就是新闻逻辑。[①]

如前面各章的分析，荆楚网在新闻生产理念、惯习和内容的变革中，基于市场目标与政治目标兼顾的策略，树立了营销导向与政治意识并重的新闻理念，形成一定的目标混乱和生产实践中的逻辑冲突。

比如，荆楚网的员工身份。样本14在访谈中介绍："现在存在一个问题，就是工资参照公司，身份参照事业单位，两边占的问题。"

比如，荆楚网的采编成本应该由谁负担？样本14诉苦："我跟你算一个账，荆楚网几千万的采编成本，我的营销利润率是多少呢？不到20%。你说我需要多少钱来补这个窟窿，这么倒推的话，就知道我们这个企业与外面的企业相比有多么难。"

二、受众定位的纠结

媒体不同的身份定位，对应着不同的受众定位。

作为党的"喉舌"，受众的内涵是"人民"，即受众是接受政治宣传的对象。作为公共媒体，受众的内涵是"大众、

---

① 田秋生：《市场化生存的党报新闻生产——〈广州日报〉个案研究》，博士学位论文，复旦大学，2008年。

民众"，"大众"这一概念比较模糊、笼统，没有强调其政治性。作为市场主体，受众的内涵是"消费者"。

在中国语境下，国家要求媒体做 "党和人民的喉舌"，认为 "党性与人民性"并不矛盾。即作为"人民"的受众与作为"大众"的受众内涵是一致的，媒体作为宣传者与公益服务者的身份也是一致的。关于"党性和人民性"的关系，习近平总书记在2013年发表的"8·19"讲话中作了系统阐述，鲜明提出 "党性和人民性从来都是一致的、统一的"。[①]

"党和人民的喉舌"一直是我国新闻媒体的自我定位，也是国家对新闻媒体的基本要求，理论上，二者应该是高度统一的。但是，在实际的新闻生产中，高度计划经济下的媒介往往做不到党性与人民性的统一，所以，无论宣传部门如何动员，媒体的宣传还是停留在你说我做的黑板报模式，忽视受众，传播效果不佳。

30多年来中国新闻业在市场化进程中，这一现象的确有所改变，罗以澄概括为"市场化转型、民本化转型、数字化转型"[②]，其中的"民本化"就是媒体受众观念的增强。

为什么？因为媒体在市场化进程中切身体会到，此时的"人民性"，直接影响受众份额占有率，直接影响发行量、收视率这些决定媒体广告收入的市场指标，因此中国传媒开始通过各种方式全面服务于受众，开始从内容到形式都围绕受众导向来进行新闻生产。

但是，政府、公众和媒体对于"受众"的内在解读其实是

---

① 《习近平谈治国理政》，外文出版社2014年版，第154页。

② 罗以澄、李良荣：《新闻改革30年研究书系·序》，载李良荣：《历史的选择》，武汉大学出版社2009年版。

不一致的。政府希望媒体服务的"受众"是政治范畴的"人民群众",而媒体基于"二次售卖"的赢利模式,在营销导向的驱动下,希望服务的是有较高经济地位、较大社会影响力和较强消费能力的"消费者"。不同的受众定位,虽然有时能够取得最大公约数,但随着媒体市场化进程的加剧,媒体对经济效益的追求也必然会导致社会责任的缺失,造成政府与公众的不满。

2015年4月2日的《人民日报》刊登了《新媒体需治"七种病"》,历数了新媒体传播中存在的内容克隆化、求快不求真、迷信点击率、标题玩惊悚、广告硬推销、剽窃成重症、媚俗无底线等常见问题,文章中写道:

> 新媒体时代,新闻娱乐化是最常见的现象,这样的新闻具有很强的话题性,受众参与性强,报道关注度高,往往能引发网民的狂欢,但同时也忽略了新闻媒体的社会责任……社会责任是新闻专业理念的核心,新闻除了报道事实真相外,更要体现人文关怀。①

2016年3月,位于武汉市的武钢爆出减员5万人的消息,这是与当地民众息息相关的大事件,本书在第四章中介绍过武汉一个自媒体刊发的原创优秀报道《武钢减员5万人背后一个普通钢铁家庭的命运沉浮》,可是荆楚网作为本地唯一的省级重点新闻网站,从2016年3月份以来只发过2篇相关稿件:一是转载的《湖北日报》消息《武汉举办特别招聘会 1.2万个岗位供武钢转型职工挑选》②;二是评论《陈思:"铁饭碗"不能一

---

① 新华网:《人民日报:新媒体需治"七种病"》,见http://news.xinhuanet.com/newmedia/2015-04/02/c_134118928.htm。

② 梅涛:《武汉举办特别招聘会 1.2万个岗位供武钢转型职工挑选》,见http://news.cnhubei.com/xw/jj/201603/t3573342.shtml。

砸了之》①，没有原创深度报道出现。

三、传者角色的纠结

不同的身份赋予了媒介不同中的传者角色，而不同的角色，具有不同的使命。作为"党的喉舌"，媒体的传者角色应该是"政治意识形态的宣传者"；作为公共媒体，媒体的传者角色应该是"公益服务者"；作为市场主体，媒体作为传者应该是"商业营利者"。

媒介从它产生至今，一直身兼双重角色。一方面要做社会公正的代言人；另一方面要自负盈亏来养活自己，要依靠出售精神产品来谋利。中国媒体在市场化进程中，同样面临双重角色这一世界新闻史上的共性问题。

根据委托—代理理论，中国新闻网站的新闻报道权力来自两个方面。一是党管媒体，是由党和政府允许其创办，授予其新闻采访权；二是作为代表公众的大众传媒，是由公众授权和委托。因此，对于新闻网站而言，既应该是"党的喉舌"，扮演好"政治意识形态的宣传者"角色，也应该是"社会公器"，扮演好公益服务者角色。

但这些假设只是"应然"，"实然"状态是：由于媒体处在当下中国 "强政府—强市场—弱社会"的总体社会格局中，社会力量无法制衡和监督媒体，只要新闻媒体进入市场化进程，进行商业化运作，就会形成商业主义与专业主义的冲突。一方面，媒介可以标榜自己是"为了大众的利益"，以此

---

① 陈思：《"铁饭碗"不能一砸了之》，见http://focus.cnhubei.com/original/ 201603/ t3583780.shtml。

吸引和讨好受众，也可以标榜自己是"党的喉舌"，以此取得政治资本；另一方面，媒介却为资本和财团服务，"舍公义，取私利"，以求得个体的利益最大化。

由于新闻网站面临着更加激烈的市场竞争，商业主义与公众利益的冲突在新闻网站的市场化进程中比传统媒体更加凸显。从前面各章对荆楚网在市场化进程中的新闻生产分析，可以看到这种趋势。市场化进程中，荆楚网在新闻理念的变革中，其市场理论不断加强，市场新闻学开始在新闻生产中占了上风，市场经济的游戏规则、利益原则开始进入新闻生产的各个环节，具体到荆楚网的理念变革与策略选择，我们清晰地看到，它兼顾了权力与市场，却在一定程度上忽略了公众利益。

第三节　身份纠结与新闻失衡

传统的新闻学理论认为传媒控制主要来自三个方面，即政治控制、商业控制和受众控制，这三种力量我们在荆楚网的市场化进程中都可以找到。在法制完备的社会中，传媒政治独立通过国家立法加以保障，其运行的基础是民主法制社会；传媒经济独立则通过传媒私有化来实现，整个传媒系统借助于市场化机制来运行；传媒独立于受众则主要依靠新闻专业主义和职业精神，即传媒为公共利益服务。[①]当新闻传媒进入到市场领域中之后，它与市场所建立起来的关系是复杂的，一方面要遵

---

① 柯泽：《理性与传媒发展》，上海三联书店2009年第1版，第113—114页。

循市场经济基本的规律，另一方面要承载权力和义务，又必须超越市场规律。市场化背景下荆楚网的身份纠结，是媒介场、经济场与政治场交织下的场域变化导致的身份演化，正是在这个身份演化的过程中，导致了新闻生产中的种种失衡。

一、媒介场与经济场中的新闻失衡

传媒具有特殊的社会权力和影响力，因而必须承担相应的文化责任，具备相应的文化理性。传媒的文化理性体现在：围绕建设共有的精神家园这一社会目标，探求真理，传承文明，弘扬先进的文化价值观，培植优秀的民族个性，等等。总之，传媒文化创造活动的核心是精神价值，现代传媒应当持有某种优先追求的精神价值目标，同时也承担着民族人文精神的传承、改造和重建等重大使命。[①]

媒介组织虽然是一个商品生产的单位，但其产品（信息和娱乐）的生产却关系到"公共群体"的精神意识。文森特·莫斯可认为，"传播是一种相当特殊的、十分强大的商品，因为它除了能生产剩余价值之外（由此看来，它与其他任何商品相同），还制造了符号和形象，其意义能够塑造人们的意识"。[②]邵培仁将媒介产业概括为"公共产业、信息产业和营利产业的综合体"[③]，媒介产业既是一种"注意力经济"，还是一种"影响力经济"，它所生产和销售的是信息和受众的注意力，

---

① 柯泽：《理性与传媒发展》，上海三联书店2009年第1版，第113—114页。

② ［加］文森特·莫斯可：《传播：在政治和经济的张力下》，胡正荣等译，华夏出版社2000年第1版，第143页。

③ 邵培仁：《媒介管理学》，高等教育出版社2002年第1版，第35页。

它能够影响"受众的社会认知、社会判断、社会决策及相关的社会行为"①，因此，"媒介成为社会制度力量的一部分"②。

在市场化进程中，传媒文化理性的失衡是因为媒介场受制于经济场，从而无法保持最大限度的自治。在计划经济年代，我国新闻传播的管理、运作机制直接源于政治场的影响，按照意识形态的指令实施信息资源的配置。但是，在媒体的市场化进程中，市场经济的游戏规则、利益原则开始进入新闻传播业，信息资源在一定程度上已经由市场进行自然配置，媒体的新闻生产必然会围绕市场经济利益最大化原则进行。过分依靠政府力量会损害媒体的专业自治，过分依靠市场力量也同样会损害媒体的专业自治。市场经济与生俱来的道德原罪，会给作为公共精神产品的新闻生产带来很多问题。

具体到荆楚网。市场化意味着媒介必须在充分竞争的市场中生存，因而其新闻生产受到经济场的制约。从短期看，上市也许能暂时缓解荆楚网的生存压力；但从长期看，新闻业务需要大量真金白银的无偿投入，而且不可能会迅速见到回报，媒体发展的战略要求，与上市公司的业绩追求、年度指标考核，短期利润指标平衡等存在很难调和的矛盾。面对激烈的市场竞争，新闻网站不得不选择确保自身的利润最大化。

为此荆楚网原有坚持"党性"的惯习发生了改变，提出了"党性、血性、狼性"三性并重的企业文化。前面各章分析了

---

① 喻国明：《传媒影响力：传媒产业本质与竞争优势》，南方日报出版社2003年第1版，第3页。

② ［美］斯蒂文·小约翰：《传播理论》，陈德民等译，中国社会科学出版社1999年版，第575页。

市场化对荆楚网新闻生产理念、生产惯习、组织架构和和产品形态的影响。

在生产理念上，理念变革的实质是经济场对媒介生存策略的影响。荆楚网在市场化进程中，从政治场中一个单纯的不以营利为目标的政治媒介组织，成为兼具"党的喉舌"、上市公司、公共媒体于一身的媒介组织，外部场域的变化导致其生存策略的左右徘徊，既想在政治场中继续占有政治资本，又要在经济场中通过竞争获取经济资本，不断强化市场理念，作出了基于市场逻辑的策略选择，市场新闻学开始在新闻生产中占了上风，这一影响，在荆楚网生产惯习的变革中也再次得到印证。"公众利益"在市场新闻学中受到一定忽略，文化理性也因此失衡。

二、媒介场与政治场中的新闻失衡

有学者提出，传媒应该具有政治理性，其核心就是思想和言论的自由表达，就是公众通过媒体去制约和监督政府，就是为公众参与民主政治提供渠道和方式。[1]从中外传媒发展史看，媒体与政治具有天然的联系，两者之间不断发生着控制与反控制的冲突。

尼尔·波兹曼指出，有两种方法可以让文化精神枯萎，一种是奥威尔式的——文化成为一个监狱，另一种是赫胥黎式的——文化成为一场滑稽戏。[2]前者反映了政治场对媒介场的

---

① 柯泽：《理性与传媒发展》，上海三联书店2009年第1版，第56页。

② ［美］尼尔·波兹曼：《娱乐至死》，章艳译，广西师范大学出版社2004年版，第201页。

控制，后者反映了经济场对媒介场的控制。

"党管媒体"是我国传媒行业政府规制的基本原则，"喉舌论"是我国媒介功能的基本定位，兼具政治性、经济性、公共性的"一体多面"是对我国媒介属性的基本认识，"三重身份"（政府机构的延伸、事业单位的定位、企业化的运作）是我国媒介组织的基本特征，媒体领导人又是由党委政府直接任命。面对政治场对媒介场的影响，在服从行政要求与守护公众利益发生冲突时，媒介一定会选择前者。

虽然在政策推动下荆楚网加快了市场化进程，但由于其在媒介场内的竞争依然处于弱势，在其策略的选择上，原有的力量大于倾向改变的力量。虽然从理论上讲，媒体的市场化程度与其对政治权力的依赖程度成反比，但是我们在荆楚网的新闻生产中并没有发现这个变化。

在我国，党政部门的重视是媒介重要的政治资本。对"党的喉舌"这一最大政治资本，荆楚网在市场化进程中仍然非常看重。而且，荆楚网希望在市场化进程中能够享受更多的政策保护，希望在政治场中寻求更多的政治资本。问卷调查中，荆楚网员工也清晰地认识到，新闻网站资质一直是荆楚网公司竞争力依托的国家政策红利。作为湖北本地两家新闻网站之一，荆楚网的身份可保证其获得更多的政策资源，通过对党政机关、国有企业等部门的服务产生经济效益和社会效益，这一点在人民网上市后的发展中亦有体现。因此，在市场化过程中，荆楚网的舆论监督功能、为公众提供参与民主政治渠道的功能没能有效彰显和加强。

三、政治场与经济场中的新闻失衡

新闻传媒业是社会经济活动的一个门类，不能游离于普遍的市场法则，其生存的基础是自由市场和自由竞争。[①]传媒产品作为一种商品，必须经由市场去流通和发售，必须置于充分的自由竞争市场。虽然一个受市场驱动的传媒业，其经济利益动机会占上风，但这种利益动机的实现是以受众的自愿购买为交换条件的，因此，一个充分市场化的机制反而能形成多元的意见市场，能满足和平衡社会各方的观点和利益表达。[②]

改革开放30多年来，媒体的市场化进程已经不可逆转。从20世纪80年代的新闻改革到90年代的文化改革，再到21世纪初的文化体制改革，意味着中国社会转型的重心从经济领域转向传播文化领域。

媒介市场化就是将市场经济机制引进新闻传播领域，努力按新闻规律和市场规律而不是行政意志去办事。

我国传媒产业要想取得突破性的发展，必须解决媒介所有权、支配权和经营权三权分离的问题，从而实现真正意义上的市场竞争。但是，中国媒介面临的现况是，经济场力量在持续增强，资本内在扩张动力明显，但国家关于媒体在市场中如何发展的政策供给却明显不足，现行的"游戏规则"尚未修订清晰，难以适应媒介的市场化进程。从总体上看，现行的媒介管理政策还是将传媒业定位于纯粹的上层建筑意识形态，并在这一定位下构造出媒介场的"游戏规则"，这是政治场的规则，可以强有力地保障媒体履行宣传职能，但尚未建立与市场经济

---

① 柯泽：《理性与传媒发展》，上海三联书店2009年版，第3页。
② 柯泽：《理性与传媒发展》，上海三联书店2009年版，第3页。

体系相适应的规制，从而使媒体缺乏经济场的"游戏规则"。

虽然荆楚网在国家政策推动下加速市场化进程，先行一步完成了转企改制和上市融资，为媒介体制转轨、三权分立作出了探索。但是，与商业网站纯粹依托资本市场的市场化不一样，新闻网站是由国家行政力量主导的市场化进程。由于相关政策先决性地限制了资本来源，荆楚网虽然在新三板挂牌上市，其资本运营还是不彻底不完善的。上市一年后，荆楚网并没有引进除其母体湖北日报传媒集团之外的其他战略投资者，荆楚网的主要业务还是来自政府的花钱买服务，其赢利模式还是寄望于政府的政策利好，其竞争优势还是来自政府独家颁发的新闻资质。而且，这一现象，在已经上市的人民网、舜网等多家新闻网站中普遍存在。

当前，制度设计与市场运作存在着矛盾，传媒机构的特殊性决定了它们往往兼具企业单位与事业单位的双重特征。可是，在现实中，这双重特征反而成了传媒不愿完全市场化的双重依赖，荆楚网作为市场化的主体，自身并没有实现传媒经济理性的冲动。相反，它希望身处于政策孵化下的不完全市场化环境中，希望能够获得更多的政策红利和保护。

第四节　政策与市场双重作用下的纠结与失衡

中国新闻网站的市场化，不仅有着区别于西方的发展路径，更是多重因素共同交织推动的结果，其中政策的推动与孵化，起到了至关重要的作用。在荆楚网的市场化进程中，我们可以看到，政策既构成推动，又形成控制；市场既带来自由，又形成束缚。政治场、经济场、媒介场之间场域变化、资本转化与身份演化，导致了新闻生产中的种种失衡，也为再平衡的探索提供了方向和路径。

中国媒体在市场化进程中的新闻失衡，主要源于政治管控的不当和商业主义的盛行。解铃还需系铃人，中国语境下，媒体是在政策推动下的市场化进程，国家必须在媒体的市场化进程中扮演重要角色。

制度创新已经是我国政治生态的核心词汇，我们需要冲破的是市场自由主义的意识形态教条，需要破除的是一味迷信西方媒体模式的偏颇，根据当下中国鲜活的媒体实践，发挥我国政府在媒体治理中的独特政治优势，探索具有中国特色的媒体政策供给，实现政府、市场与媒体之间的动态再平衡，以保障社会主义媒体有效履行"成风化人、凝心聚力"等公共服务和文化建设职能。

第八章　讨论与结论：
失衡与再平衡

    与商业网站纯粹依托资本市场的市场化不一样，新闻网站是由国家行政力量主导的市场化进程。在这个过程中，政策既构成推动，又形成控制；市场既带来自由，又形成束缚。

    综合前述各章的研究，我们可以看到，荆楚网市场化背景下的新闻生产过程中，既有来自一线的种种鲜活探索，也有忽视公共利益的种种失衡，这些既对公众希望传媒在新闻生产中应该发挥的公共信息服务职能产生了正负效应，也对政府希望传媒发挥的政治宣传喉舌职能形成了较大影响。

第一节　国家政策、媒体市场化与新闻失衡

    1978年经中央批准，《人民日报》等7家媒体开始试行企业化管理，1979年1月28日，"文革"后大陆媒体的首例广告在《解放日报》刊出，中国传媒的市场化之路从此起步。

起初，国家政策是被动选择了推动中国媒体的市场化，因为国家财力薄弱，公共财政当时已无力支撑媒体的生存与发展。可是后来，"被动选择"变成了"主动推进"，媒体作为文化产业的重要组成部分，已经被国家看作新的经济增长点来培育和扶持。

但是，中国传媒是否应该市场化长期是新闻学界和业界争论的焦点，正反两方面的论争一直伴随着中国传媒的市场化进程。乐观的人看到的是因经济独立和政治进一步宽松而提升了媒体生存与发展的自由度，媒体作为公共领域渐显雏形。而悲观者看到的是政治管控依旧，甚至在产业化过程中得到了强化和改良。同时，商业化的侵蚀日渐深入，媒体在政治管控下又多了一道紧箍咒。①正如夏倩芳所言，中国媒介从以前单纯泛政治化到现在的政治化加商业化，媒体日渐丧失了公共利益目标。②

具体到荆楚网的新闻生产，我们可以看到在市场化进程中出现了以下种种失衡：

一是荆楚网在新闻生产中对公共利益的忽视。荆楚网是中国新闻网站率先上市的先行军，有别于传统媒体只允许分拆出经营业务上市的是，新闻网站是将新闻信息采编与媒介经营打包在一起整体上市的，客观上已经推倒了"国家"与"教堂"之间的围墙。与传统媒体的发展相比，新闻网站的发展无疑是更"烧钱"的过程，也很难在短期通过优质的新闻生产获得市场投资回报。而荆楚网作为上市公司是要完成经济利润指标的，所以，面对激烈的市场竞争，荆楚网提出了"党性、血

---

① 张宁，邓理峰：《企业权力、传媒的市场化改革与公共利益：对两场媒体改革运动的分析》，《国际新闻界》2013年第5期。

② 夏倩芳：《公共利益与广播电视规制——以美国和英国为例》，博士学位论文，武汉大学，2004年。

性、狼性"三性并重的企业文化。在新闻生产的理念变革与策略选择中，荆楚网不得不选择确保自身利润最大化的生存策略，它兼顾了权力与市场，却在一定程度上忽略了公众利益，新闻作为公共产品的外部因素被忽略不计了。而且，这一问题并未引起足够重视，也很难通过媒体自身在市场化进程中有效调节。

二是荆楚网未能有效彰显媒体促进民主政治的功能。从理论上讲，媒体的市场化程度与其对组织力量的依赖程度成反比，但是我们在荆楚网的新闻生产中并没有发现这个变化。荆楚网非常看重党媒属性这一最大政治资本，并且希望在市场化进程中能够享受更多的政策保护，呼吁"基于荆楚网的党媒属性，地方党委和政府的投入力度应该更大"，提出荆楚网应该享受"意识形态领域的特许经营权"，在新闻生产的变革中，荆楚网没能有效彰显其舆论监督功能以及为公众提供参与民主政治渠道的功能。

三是荆楚网在市场化进程中未能实现充分的市场化。虽然荆楚网在国家政策推动下加速了市场化进程，先行一步完成了转企改制和上市融资，为媒介体制转轨、三权分立做出了探索。但是并没有实现完全意义上的市场竞争。目前我国传媒产业尚未真正推行产权改革，仍然是一个国有制占领导地位的单一的媒介体制形式。马克思曾经讲过，当一个社会只存在一个产权主体时，这个社会是不可能建立发展起市场经济的。由于相关政策先决性地限制了资本来源，荆楚网上市一年多后，并没有引进除其母体湖北日报传媒集团之外的其他战略投资者，荆楚网的主要业务还是来自政府的花钱买服务，其赢利模式还是寄望于政府的政策利好，其竞争优势还是来自政府颁发的独有新闻资质。而且，这一现象在多家上市新闻网站中普遍存在。

但是，观察荆楚网的新闻生产，也发现有些现象回应了本书开篇提及的当下中国新闻界关心的一些问题，这也是一线新闻生产者自觉或不自觉地在失衡中对平衡点的探索。

比如，舆论引导如何在市场化的媒体中实现？本书第四章研究了荆楚网在市场化进程中宣传理念的变革。通过细描三个典型案例：全省"两会"的报道、"抗战口证大抢救"的活动策划和"信义夫妻"这一凡人善举的发掘，发现市场化在客观上推动了宣传手法的改进，倒逼主流媒体的新闻生产必须得到官方和群众的双向认可，形成了政府、公众和媒体的社会合意，也达到了舆论引导的效果。

比如，公众、受众、人民三者之间如何取得最大公约数？意识形态新闻业为什么也需要市场化？因为如果只是作为宣传品，通过政治渠道去派送和供给，是无法了解对方是否自愿接受的，只有市场才能提供受众的真正自愿接受，从而使宣传效果最大化。从扩大宣传效果看，荆楚网在市场化进程中作出了可行的探索。本书第四、五、六章分析了市场对荆楚网新闻生产的正负效应。研究发现，荆楚网在市场化进程中由传者本位转向受众本位，由宣传本位转向新闻本位，在某种程度上改善了信息服务的质量，客观上在公众、受众、人民三者之间形成了舆论引导的最大公约数。如，在组织架构上，荆楚网由原有的政治场中的编辑部架构变革为经济场中的公司架构，建立了现代企业制度、重塑了组织架构，实现了公司治理，初步完成了从一家网站向新媒体集团的转变；在生产流程上，对新闻业务部门的划分更加细致专业，更加与先进技术的发展积极对接；在生产质量上，理顺了采、编、营的关系，对采编部门的人力资源投入加大，对新闻生产者的专业素养要求更高，更加重视新闻原创生产能力的提高，这些应该是市场的力量激活了党媒作为大众传播媒介的潜能，客观上促进了新闻生产。

中国媒体在市场化进程中的新闻失衡，其实和西方新闻界面临的商业主义的危险基本相似，但中国媒体是在政策推动下的市场化进程，这是有别于西方媒体源于经济发展的市场之路的。赵月枝在思考重庆卫视的去商业化改革时曾经提出，改革开放初期我们冲破了意识形态对媒体商业化的羁绊，那么今天，我们则需要冲破把西方媒体模式自然化、去历史化、进而规范化的偏颇。[①]

理论是灰色的，而实践之树常青。从本质上看，市场不过是提供公共产品的一种政策工具，它的结果如何取决于政府如何去规范和管理它。对传媒市场化做简单的肯定或否定都失之偏颇，关键是作为"高位主体"的政府如何既积极利用市场的正向力量，又规范和遏制市场的负面影响。

因此，解决中国语境下的新闻失衡，必须依靠国家这一重要角色，发挥政府在媒体治理中的独特政治优势，通过媒体政策的创新，回应鲜活的媒体实践，正确处理商业逻辑在新闻作为公共话语和知识生产中的位置，实现政府、市场、公众与媒体之间的动态再平衡。

---

① 赵月枝：《传播与社会：政治经济与文化分析》，中国传媒大学出版社2011年版。

第二节　政府、媒体与公众的合意：
新闻政策创新方向

"政策"是现代社会政治生活中使用得非常广泛的概念之一，人们对它的定义颇多，在本书中，"新闻政策"指政党和政府对所属新闻事业的总的策略和规制。

这里的政策，与法律有所区别。法律是由立法机关制定的，它表达的是政府的总体意志，而政策则可以由各级政府根据实际情况分级制定。法律是满足社会利益最低要求的行为规则，而政策则是引导社会发展方向的行为准则。法律多数是规定人们不能做什么，否则将受到怎样的惩处，而政策主要是明确行动方向、目标和计划。

当下中国正处在"三千年未有之大变局"中，中国传媒业也处在深刻变革中，应该说媒体的探索实践在某些方面走在了政府规制的前面。在我国，传媒"事业单位""企业化管理"的独特体制和意识形态属性，决定了传媒产业既需要市场机制的调节，又需要政府政策的调节。因此，国家应顺应社会整体利益的要求，本着有中国特色的制度创新，保障社会主义媒体履行好公共服务和文化建设职能，实现新闻平衡。

一、重视传媒产品的公共属性，政策要充分彰显公共性目标

在市场中，任何公共利益的取得都是要付出代价的。传媒产品的公共物品或准公共物品属性，决定了传媒资源配置不能完全通过市场来进行。因为市场机制只是按市场贡献来配置资源，所以媒体的公共服务职能是无法从市场上获得保障和激励的，而应该由政府通过国家政策来有效保障。

学者句华分析过在公共服务中，政府与市场的功能差别。认为政府的优势在于，可以通过其具备的强制权力去组织公共产品的生产，而这是市场不会自动提供的；而市场的优势在于，可以通过自由竞争促进公共服务提高效率、节约成本、聚积要素。[①]

因此，社会主义市场经济体制下，政府对传媒业的规制目标应该既包含政治性目标，同时也包含经济性目标，还应该具有很强的公共性目标。但是，目前的国家政策未能充分彰显公共性目标。

二、适应市场规律，政策要善于运用多种执行工具

政府行为与自由市场竞争是一对矛盾关系，在我国许多其他领域的教训已经表明，如果不尊重市场规律，政策一心扶持的产业未必能够在市场中蓬勃生长。

学者强月新在《中国传媒市场研究：理论与实践》[②]一书

---

① 句华：《公共服务中的市场机制》，北京大学出版社2006年版。
② 强月新：《中国传媒市场研究》，武汉大学出版社2012年版。

中讨论了传媒市场规制目标的复杂性问题。作为公共事业，政府规制负有减少传媒市场的负外部性、增加市场正外部性的职能，以维护社会公共利益；而作为产业经济，政府的规制主要负责对传媒市场结构和行为进行监控，以防止不正当竞争和过度垄断。前者称为社会性规制，后者为经济性规制。

与西方媒介管理体制不同的是，我国尚未以立法区分公共媒介与商业媒介，因此，各类媒介在运作的过程中身份都并不明确。目前，国家相关新闻政策中，以行政手段为主，以从控制角度出发的社会性规制为主，对媒体作为产业经济的经济性规制不足。其实，国家可以选择的政策工具有法律手段、财政税收手段、金融手段、公共管制、行政手段等多种方式，目前仅凭行政手段、社会性规制的调节，无法满足媒体被推向市场后面对激烈竞争的发展需求，应该加大经济性规制的供给。

三、尊重传播规律，政策创新要适应互联网时代的媒体新格局

掌握新闻传播权力最传统的基本方法是，通过组织化的方式来掌握此类物质基础和机构资源，即行政赋权。我国媒体政策的基本思路是一手抓管理、一手抓发展，通过底线管控确保安全，通过资本整合、产业再造、做大做强主流媒体来寻求传播的主动权和话语权。

但是，在互联网时代，行政赋权会在市场竞争中失灵。学者喻国明认为，互联网成就了关系赋权这一新型的赋权范式，当个体被激活之后，整个社会赋权的基本方式就发生了根本性的改变，如果我们依然用传统的行政赋权方式，其社会效用已

经日益弱势化了。[①]

马克思主义新闻观的要义之一是尊重新闻传播规律，国家政策要基于互联网时代的媒体格局作出相应调整，不能用传统媒体的思维看待和管理新兴媒体。

四、政策创新要鼓励形成媒体治理的社会合力

目前，我国是"强政府—强市场—弱社会"的社会总体结构，由于社会力量的弱小，媒体失去了社会的制衡，必然会大打擦边球，以获取自身利益的最大化。

因此，国家政策要加强公民媒体素质教育，善于充分发动民间力量和非政府组织的力量，鼓励社会各界监督媒体，形成主体自觉、行业自律、社会监督、政府管理多管齐下的媒体治理的格局。

第三节　政策创新：解决身份纠结
　　　　与新闻失衡的可行路径

如前所述，政策推动下的新闻网站市场化进程中，由于兼具宣传平台、市场主体和公共媒体三重身份，新闻网站在新闻生产中出现了身份纠结与新闻失衡。解铃还需系铃人，通过政

---

① 喻国明：《融合转型的新趋势："高维"媒介中的"平台型媒体"——对互联网逻辑下未来传播主流模式的分析与思考》，光明网，2015年2月3日，见http://www.gmw.cn/sixiang/2015-02/03/content_14732280.htm。

策创新解决新闻网站在市场化进程中的困扰，应该是可行的路径之一。

一、将新闻网站的公共性与政治性产品纳入党委政府购买范畴

2015年9月，中共中央办公厅、国务院办公厅印发了《关于推动国有文化企业把社会效益放在首位、实现社会效益和经济效益相统一的指导意见》（以下简称《意见》），湖北也比照出台了相应的《实施意见》。但是，《意见》如何体现在新闻网站的新闻生产中，还需要出台清晰明确的可操作办法。

首先，要清楚区分新闻网站公共性、市场性与政治性媒体产品的界限，对于公共性与政治性产品，纳入党委政府购买范畴，对于非公共产品，则可以放开竞争。

其次，要出台政策或通过立法保护新闻网站的知识产权。

国家授予了新闻网站独有的新闻采编权，可新闻网站辛辛苦苦生产出的优质时政内容，却被商业媒体以极其低廉的价格甚至无偿转发，为商业媒体带来了巨大的流量和经济收入，却没有保障新闻网站的利益。样本14介绍："在'东方之星'突发事件中，荆楚网一个航拍的图片在腾讯的网站上点击1.1亿次，但是我们没法找到法理的依据获得应有的报酬，因为当初我们跟腾讯签的合同里面，已经很便宜地把时政新闻卖给他们了。"

二、为新闻网站在市场化进程中提供保障性政策设计

目前，中央和地方关于新闻网站市场化的政策中，保障性政策不多。相比传统媒体，新闻网站运行成本更高，国家政策的保障制度设计应该成为新闻网站市场化进程中的润滑剂，在组织保障、政策保障、投融资保障、人才保障等方面的政策应该到位。

2015年3月的全国"两会"上，全国政协委员李东东，联名15个界别84位委员，向全国政协十二届四次会议提交《关于促进主流报媒健康发展 巩固新闻舆论主阵地的提案》，呼吁通过坚持供给侧改革思路、创新体制机制、提供政策支持，加速推进媒体融合发展，巩固主流报媒新闻舆论主阵地，并提出了一系列具体建议：建立国家报媒融合发展基金；加强对报媒的版权保护；试点开展报媒股权融资等综合改革；适当减免报业综合税负；设立报媒人才培训教育基金；将政府购买报媒新闻文化产品用于特定地区投放纳入预算。

这些很具操作性的措施值得国家在制定新闻网站发展政策时借鉴。

三、平衡差异式媒体格局，对地方新闻网站平等赋权

推进新闻网站市场化进程是国家战略，但在我国，地方媒介与中央媒介具有其暗含的行为权限之分，媒介的行政级别越高，政治资本量也就越大，其发挥能动性、变动机为实效的能

力就越大。

目前，中央新闻网站和地方新闻网站之间本来就存在着巨大的体量差异，而且，国家政策还对地方新闻网站作出了种种限制，如重大事件中没有采访权限、跨区域兼并发展不被鼓励，等等。这些使地方新闻网站在市场化进程中难于平等发展，既面临商业网站的竞争，又面临中央新闻网站的挤压。所以，针对地方新闻网站的发展，国家政策应该平等赋权。

四、预判网络技术的发展趋势，作出前瞻性的政策指导

当前，新闻网站在与商业媒体的合作中，通常采用开放数据的方式进行技术置换，从短期看节约了成本，但从长远看，却是放弃了数据主权，会成为未来竞争中的巨大隐患。面对这些新问题，国家应该提前研究，进行预判，并出台具体指导政策。

五、充分发挥新闻网站在媒体融合中的先行军作用

当前，国家政策已经明确了媒体融合的方向和要求，"推动传统媒体和新兴媒体融合发展"是手段，"形成现代传播体系"是远景目标，"打造新型主流媒体"则是当前任务。

我国新闻网站多为传统媒体主管主办，应该承担起传统媒体体制转轨和形态转型的重任，成为推动媒体融合的桥头堡和实验室。但是，各地应该落实和细化，制定具体的支持性政策，使媒体融合成为新闻网站发展的实质利好。

六、引导新闻网站积极寻找与商业网站、传统媒体相比的独特优势，形成内容生产的核心竞争力

当下，新闻网站义无反顾地进军微信、微博、客户端、数据挖掘等新兴领域，这在荆楚网的媒体融合发展战略中也可看到。但是，作为传统媒体主办的新闻网站，其专心优质内容的生产，彰显新闻的理性，才能形成核心竞争力。以下三种内容生产路径对新闻网站而言是有比较优势的：

一是发展融合新闻。这是新闻网站在媒介场中有别于其他媒体的传播优势所在。

二是开展网络问政。这是地方新闻网站的独特优势，也可以彰显媒体为公众提供参政渠道、促进民主政治的功能。但遗憾的是，在荆楚网的市场化进程中，我们没有看到这方面权重的加大。

三是拓展深度报道。在互联网的海量信息中，受众需要可信度高的传播者替其作出解释、判断和选择，深度报道能够体现新闻网站的专业精神和社会责任。

目前中央网信办已经设立了中国互联网发展基金，国家可出台鼓励、资助性政策，奖励以上三类新闻生产中的优秀作品，引导新闻网站加强新闻生产。

2016年2月19日，习近平总书记在北京主持召开党的新闻舆论工作座谈会时指出，在新时期，党的新闻舆论工作的职责和使命是："高举旗帜、引领导向，围绕中心、服务大局，团结人民，鼓舞士气，成风化人、凝心聚力，澄清谬误、明辨是

非，联接中外、沟通世界"。^①这48个字，契合了中国语境下新闻媒体应该坚守的各项职能，也使对市场化背景下新闻网站的讨论更具紧迫感。

　　写作本书的过程中，笔者一直以《社会学的想像力》中的提醒自警"不要仅仅沉迷于一个又一个的小情境研究，要关注将各种情境组织起来的社会结构"^②，"不要仅仅将细微的研究嵌入到刀锋般细屑且静态的时刻，而应该将时间跨度扩展到人类历史的发展过程"^③，虽然本书对当下中国新闻网站上市现象的研究仍然粗陋肤浅，但是，媒介与我们每个人的生活息息相关，从领导人到平凡百姓，都有责任去思考、去关心、去尽责。在市场化进程中，警惕和抵制新闻失衡，不断追求新闻的动态再平衡，通过我们共同的努力，使传媒成为真正的精神家园，是每个人都无法置身度外的。

　　让我们共勉！

---

　　① 摘自2016年2月20日新华社消息《与党和人民同呼吸，与时代共进步》，见http://news.xinhuanet.com/politics/2016-02/20/c_1118106530.htm，2016。

　　② ［美］赖特·米尔斯：《社会学的想像力》，陈强、张永强译，三联书店2005年版，第244页。

　　③ ［美］赖特·米尔斯：《社会学的想像力》，陈强、张永强译，三联书店2005年版，第244页。

参考文献

一、中文著作类

包亚明：《文化资本与社会炼金术：布尔迪厄访谈录》，上海人民出版社1997年版。

陈力丹：《马克思主义新闻观思想体系》，中国人民大学出版社2006年版。

陈彤、曾祥雪：《新浪之道——门户网站新闻频道的运营》，福建人民出版社2005年版。

陈卫星：《传播的观念》，人民出版社2004年版。

陈向明：《质的研究方法与社会科学研究》，科学教育出版社2000年版。

褚建勋：《中外传播政策》，科学出版社2008年版。

窦丰昌：《开放式新闻生产——网络时代报纸新闻生产方式的变革》，中山大学出版社2014年版。

杜骏飞：《中国网络新闻事业管理》，中国人民大学出版社2004年版。

郭咸纲：《西方管理思想史》，经济管理出版社2007年版。

黄升民、周艳：《中国广电媒介集团化研究》，中国物价出版社2001年版。

句华：《公共服务中的市场机制》，北京大学出版社2006年版。

柯泽：《理性与传媒发展》，上海三联书店2009年版。

郎劲松：《中国新闻政策体系研究》，新华出版社2003年版。

李斌：《网络政治学导论》，中国社会科学出版社2006年版。

李佃来：《公共领域与生活世界——哈贝马斯市民社会理论研究》，人民出版社2008年版。

李金铨：《超越西方霸权:传媒与文化中国的现代性》，牛津大学（中国）出版社2004年版。

刘文富：《网络政治——网络社会与国家管理》，商务印书馆2002年版。

罗以澄、李良荣：《新闻改革 30 年研究书系·序》，载李良荣：《历史的选择》，武汉大学出版社 2009年版。

马国贤、任晓辉：《公共政策分析与评估》，复旦大学出版社2012年版。

彭兰：《中国网络媒体的第一个十年》，清华大学出版社2005年版。

钱蔚：《政治、市场与电视制度》，河南人民出版社2002年版。

强月新：《中国传媒市场研究》，武汉大学出版社2012年版。

单波、石义彬：《跨文化传播新论》，武汉大学出版社2005年版。

邵培仁：《媒介管理学》，高等教育出版社2002年版。

苏钥机：《完全市场导向新闻学:苹果日报个案研究》，载陈韬文、朱立、潘忠党：《大众传播与市场经济》，香港炉峰学会出版社1997年版。

孙旭培：《新闻传播法学》，复旦大学出版社2008年版。

魏永征、张红霞：《大众传播法学》，法律出版社2007年版。

魏永征：《新闻传播法教程》，中国人民大学出版社2013年版。

国务院新闻办公室会同中央文献研究室、中国外文局：《习近平谈治国理政》，外文出版社2014年版。

喻国明：《传媒影响力:传媒产业本质与竞争优势》，南方日报

参考文献

出版社2003年版。

袁峰、顾铮铮、孙珏：《网络社会的政府与政治——网络技术在现代社会中的政治效应分析》，北京大学出版社2006年版。

赵月枝：《传播与社会：政治经济与文化分析》，中国传媒大学出版社2011年版。

郑保卫：《中国共产党领导人新闻实践与新闻思想研究》，中国人民大学出版社2011年版。

郑保卫：《中国共产党新闻思想史》，福建人民出版社2004年版。

钟瑛、刘瑛：《中国互联网管理与体制创新》，南方日报出版社2006年版。

二、外文类（著作、期刊论文）

Boczkowski P.J.. *Digitizing the News: Innovation in Online Newspapers.* MIT Press，2005.

Jenkins H.. *Convergence Culture: Where Old and New Media Collide.* NYU Press，2006.

McChesney R.D.. *The Problem of the Media: US Communication Politics in the Twenty-first Century.* NYU Press，2004.

Micó J.L., Masip P., Domingo D.. To Wish Impossible Things Convergence as a Process of Diffusion of Innovations in an Actor-network. *International Communication Gazette*，2013，75(1): 118–137.

Robinson S.. Convergence Crises: News Work and News Space in the Digitally Transforming Newsroom. *Journal of Communication*，2011，61(6): 1122–1141.

［美］Bernard Roshco：《制作新闻》，姜雪影译，远流出版事业股份有限公司1994年版。

［美］赫伯特·阿特休尔：《权力的媒介》，黄煜、裘志康译，华夏出版社1989年版。

［美］艾尔·巴比：《社会研究方法》，邱泽奇译，华夏出版社2009年版。

［英］安东尼·韦斯顿：《论证是一门学问：如何让你的观点有说服力》，卿松竹译，新华出版社2011年版。

［美］保罗·A.萨巴蒂尔：《政策过程理论》，彭宗超、钟开斌等译，生活·读书·新知三联书店2004年版。

［法］布尔迪厄、华康德：《实践与反思——反思社会学导引》，李猛等译，中央编译出版社1998年版。

［美］菲利普·科特普：《市场营销管理》，中国人民大学出版社1997年版。

［法］皮埃尔·布尔迪厄：《关于电视》，许钧译，辽宁教育出版社2000年版。

［美］大卫·阿什德：《传播生态学：文化的控制范式》，邵志择译，华夏出版社2003年版。

［英］戴维·巴特勒：《媒介社会学》，赵伯英，孟春译，社会科学文献出版社1989年版。

［美］戴维·斯沃茨：《文化与权力：布尔迪厄的社会学》，陶东风译，上海译文出版社2006年版。

［美］甘斯：《什么在决定新闻》，石琳、李红涛译，北京大学出版社2009年版。

［美］亨利·詹金斯：《融合文化：新媒体与旧媒体的冲突地带》，杜永明译，商务印书馆2012年版。

［美］理查德·保罗，琳达·埃尔德：《批判性思维工具》，侯玉波等译，机械工业出版社2013年版。

　　〔加〕罗伯特·哈克特，赵月枝：《维系民主——西方政治与新闻客观性》，清华大学出版社2005年版。

　　〔德〕马克斯·韦伯：《社会学的基本概念》，广西师范大学出版社2005年版。

　　〔美〕迈克尔·埃默里、埃德温·埃默里、南希·L.罗伯茨：《美国新闻史》，展江译，中国人民大学出版社2004年版。

　　〔美〕迈克尔·舒德森：《发掘新闻:美国报业社会史》，陈昌凤、常江译，北京大学出版社2009年版。

　　〔美〕迈克尔·舒德森：《新闻社会学》，徐桂权译，华夏出版社2010年版。

　　〔美〕曼纽尔·卡斯特：《网络社会的崛起》，夏铸九、王志弘等译，社会科学文献出版社2003年版。

　　〔美〕尼尔·波兹曼：《娱乐至死》，广西师范大学出版社2004年版。

　　〔美〕欧文·M.费斯：《言论自由的反讽》，刘擎、殷莹译，新星出版社2005年版。

　　〔美〕斯蒂文·小约翰：《传播理论》，陈德民等译，中国社会科学出版社1999年版。

　　〔美〕托斯藤·匡特、简·辛格：《新闻融合和跨平台内容生产：当代新闻学核心》，清华大学出版社2014年版。

　　〔美〕托德·吉特林：《全世界都在看——新左派运动的媒介镜像》，华夏出版社2007年版。

　　〔美〕韦尔伯·斯拉姆：《报刊的四种理论》，中国人民大学新闻系译，新华出版社1980年版。

　　〔加〕文森特·莫斯可著：《传播政治经济学》，胡春阳、黄红宇、姚建华译，上海译文出版社2013年版。

［美］西奥多·格拉瑟：《公共新闻事业的理念》，邬晶晶译，华夏出版社2009年版。

［美］约翰·H.麦克马纳斯：《市场新闻业：公民自行小心》，张磊译，新华出版社2004年版。

［美］约翰·W.克雷斯威尔：《研究设计与写作指导：定性、定量与混合研究的路径》，崔延强译，重庆大学出版社2007年版。

三、论文类（期刊论文、论文集、学位论文、报纸）

曹洵、刘兢：《"采制分离"与"记者角色转型"：当代西方网络新闻生产的新变化》，《新闻界》2011年第1期。

陈国权：《新闻网站上市亟待破解的若干问题》，《中国报业》2011年第5期。

陈娜：《湖北荆楚网发展战略研究》，硕士学位论文，湖北大学，2011年。

陈佑荣、苏银苓：《媒介产业化研究综述》，《中国电视》2007年第7期。

陈媛媛：《网络对"争议议题"的引导优势——以荆楚网直播专题新闻"世界桥梁第一爆"为例》，《新闻前哨》2013年第11期。

戴苏越、伍刚：《主流媒体网站的资本之路——人民网上市案例分析》，《中国记者》2012年第7期。

丁柏铨：《失衡与平衡——论灾难性事件中政府、新闻传媒与公众的关系》，《南京社会科学》2010年第9期。

丁柏铨：《媒体融合中的三个关键词》，《新闻爱好者》2015年第7期。

樊纲：《中国各地区市场化进程相对指数简述》，《现代营销(学苑版)》2005年第5期。

郭栋：《社交媒介法治研究：基于微博规制实践的考察》，博士学位论文，复旦大学，2014年。

郭海英：《传媒行业政府规制体制研究》，博士学位论文，南开大学，2013年。

郭赫男、闫允丽：《媒介融合时代下新闻生产模式的嬗变》，《编辑之友》2014第4期。

郭育丰、匡文波：《如何看待新闻网站上市》，《新闻战线》2013年第12期。

何跃鹰：《互联网规制研究》，博士学位论文，北京邮电大学，2012年。

洪兵：《转型社会中的新闻生产——〈南方周末〉个案研究（1983—2004）》，博士学位论文，复旦大学，2004年。

胡正荣、李继东：《我国媒介规制变迁的制度困境及其意识形态根源》，《新闻大学》2005年第1期。

贾薇：《新闻监测:新闻生产流程不可缺少的环节》，《新闻与写作》2012年第4期。

雷杉、孙方生、孙林：《荆楚网的经营策略》，《新闻前哨》2012年第6期。

李金铨、黄煜：《中国传媒研究，学术风格及其它》，《媒介研究》2004年第3期。

李克伟、刘郸：《运用全媒体手段助推地方新闻网站发展——以荆楚网沌阳高架爆破报道为例》，《新闻前哨》2013年第12期。

李克伟、刘筱：《论网站正能量传播和流量建设的统一性——以荆楚网编辑工作为例》，《新闻前哨》2014年第2期。

李萍：《论"公民"概念的本质及其历史》，《吉首大学学报（社会科学版）》2002年第3期。

厉国刚：《新闻网站上市与做大做强》，《中国报业》2010年第12期。

刘海龙：《当代媒介场研究导论》，《国际新闻界》2005年第2期。

刘年辉：《利益博弈与身份呈现——媒介组织作为经济组织的可能性与约束条件》，《北京理工大学学报（社会科学版）》2005年第7期。

刘新祥：《重点新闻网站上市前瞻》，《传媒》2010年第7期。

陆高峰：《地方新闻网站应"去新闻化"》，《传媒》2012年第6期。

罗聂、陈边：《以内容建设引领地方新闻网站突围——以荆楚网改版为例》，《新闻前哨》2012年第11期。

罗以澄：《从政府——传媒关系的角色嬗变看党的执政理念创新》，2012年。

吕国荣：《新闻网站为什么不赚钱》，《传媒观察》2009年第9期。

门书均：《转企上市背景下新闻网站商业模式的转型与创新》，《新闻界》2010年第6期。

南利君：《试论中国新闻网站的华丽转身》，《鄂州大学学报》2013年第2期。

潘忠党：《"补偿网络"：作为传播社会学研究的概念》，《国际新闻界》1997年第3期。

彭兰：《社会化媒体、移动终端、大数据：影响新闻生产的新技术因素》，《新闻界》2012年第16期。

强月新、刘莲莲：《我国媒介规制的结构、问题及制度性根源》，《武汉大学学报（人文科学版）》2015年第3期。

任贤良：《导向一致 形新神定——关于传统媒体和新兴媒体统筹管理的思考》，《红旗文稿》2015年第20期，

芮必峰：《轮资本在新闻生产关系变革中的作用》，《国际新闻界》2009年第7期。

芮必峰：《政府、市场、媒体及其他——试论新闻生产中的社会权力》，博士学位论文，复旦大学，2009年。

单波、王冰：《西方媒介生态理论的发展及其理论价值问题》，《新闻与传播研究》2006年第3期。

盛小航、王淳、任大鹏：《十八大报道的全媒体呈现——以荆楚网为例》，《新闻前哨》2013年第1期。

石长顺、梁媛媛：《互联网思维下的新型主流媒体建构》，《编辑之友》2015年第1期。

石长顺、肖叶飞：《媒介融合语境下新闻生产模式的创新》，《当代传播》2011年第1期。

石倩、王俊飞：《全媒体报道的传播效果——以荆楚网2013年高考报道为例》，《新闻前哨》2013年第11期。

孙力：《互联网治理国际比较与监管政策研究》，《经营管理者》2014年第4期。

田秋生：《市场化生存的党报新闻生产——〈广州日报〉个案研究》，博士学位论文，复旦大学，2008年。

王国平、王方晖：《媒介资本运营与中国的现实进路》，《求索》2008年第8期。

王海涛：《上市：新闻网站的"馅饼"还是"陷阱"？》，《青年记者》2010年第25期。

王君玲：《新闻生产社会学研究的范畴、理论与发展》，《东南传播》2008年第9期。

夏倩芳：《党管媒体与改善新闻管理体制——一种政策和官方话语分析》，《新闻与传播评论》2004年第1期。

夏倩芳：《公共利益与广播电视规制——以美国和英国为例》博士学位论文，武汉大学，2004年。

肖珺：《场域与控制：媒介资本新论》，博士学位论文，武汉大学，2006年。

谢耕耘：《中国传媒资本运营若干问题研究》，《新闻界》2006年第3期。

谢睿、班跃伟、刘斐：《党报集团为何要借力新三板》，《新闻前哨》2015年第11期。

熊波：《新媒体时代中国电视产业发展研究》，博士学位论文，武汉大学，2013年。

徐帆：《制造角色：凤凰卫视的生产机制研究（1996—2011）》，复旦大学，2011年。

徐芳、张城、余宽宏：《网络媒体如何进行舆论监督报道——荆楚网〈网事回应〉栏目探析》，《新闻前哨》2013年第11期。

徐蕾、罗杰：《新闻网站如何定位——以荆楚网为例》，《新闻前哨》2009年第6期。

姚君喜：《我国当代社会的传播失衡》，《上海交通大学学报（哲学社会科学版）》2006年第14期。

阎思甜、肖珺：《从网络媒体迈向新媒体整合——试论中国新闻网站的战略转型》，《新闻前哨》2006年第4期。

杨琳瑜：《从转企改制到上市:新闻网站的改革路径探析》，《新闻界》2010年第4期。

姚莉莉：《中国新闻网站亟待"三变"》，《新闻记者》2012年第3期。

叶敏：《中国互联网治理：目标、方式与特征》，《新视野》2011年第1期。

尹建国：《美国网络信息安全治理机制及其对我国之启示》，《法商研究》2013年第2期。

殷俊：《自媒介与公共空间的再转型》，《国际新闻界》2008年第9期。

喻国明：《传媒产业与资本市场者"两情相悦"》，《新闻记者》1999年第12期。

喻国明：《中国传媒业:洗牌、模式与规则再造》，《郑州大学学报（哲学社会科学版）》2003年第36期。

喻国明、苏林森：《中国媒介规制的发展、问题与未来方向》，《山西大学学报（哲学社会科学版）》2009年第32期。

余婷：《"坚持到底"将无路可走，而转型没有不痛苦的——新媒体生态下传媒业的困境与作为》，《新闻记者》2013年第4期。

詹新惠：《说说人民网上市这件事》，《青年记者》2012年第13期。

詹新惠：《新闻网站上市竞争力几何》，《传媒》2010年第7期。

张剑、余宽宏：《科学构建突发事件处理机制——荆楚网网络舆论引导实践论》，《媒体时代》2010年第8期。

张宁、邓理峰：《企业权力、传媒的市场化改革与公共利益:对两场媒体改革运动的分析》，《国际新闻界》2013年第5期。

张文宏：《中国社会网络与社会资本研究30年（下）》，《江海学刊》2011年第3期。

张志安：《编辑部场域中的新闻生产——〈南方都市报〉个案研究（1995—2005）》，博士学位论文，复旦大学，2006年。

张志安、吴涛：《互联网与中国新闻业的重构——以结构、生产、公共性为维度的研究》，《现代传播》2016年第1期。

张先国：《以六项突破布局新媒体发展——湖北日报传媒集团全媒体转理探索》，《传媒》2013年第3期。

张先国：《走出新媒体时代党代会报道的创新创意之路——荆楚网省党代会及十八大新闻宣传中的创新思考和举措》，《中国记者》

2012年第11期。

张耀仁：《市场导向新闻学之研究：以台湾无线电视台之晚间娱乐新闻为例》，博士学位论文，台湾辅仁大学大众传播学研究所，2001年。

张滢莹：《国有与民营新闻网站上市比较》，《新闻传播》2013年第6期。

张咏华：《多维视野中的网络新闻业》，博士学位论文，复旦大学，2003年。

张涛甫：《新传播技术革命与网络空间结构再平衡》，《南京社会科学》2015年第1期。

张卓、王翰东：《中国网络监管到网络治理的转变——从"网络暴力"谈起》，《湘潭大学学报（哲学社会科学版）》2010年第1期。

张诗蒂：《政府、媒体和公众关系的动态平衡》，《四川大学学报（哲学社会科学版）》2005年第1期。

赵雅文：《国际传播失衡与平衡的哲学思考》，《新闻大学》2007年第2期。

赵靳秋：《媒介融合背景下新加坡传媒监管的制度创新与实践》，《现代传播》2011年第6期。

赵曙光：《浅析我国媒介产业的资本运营》，《传媒观察》2002年第2期。

赵延蕾：《门户网站新闻生产及其编辑部场域分析》，博士学位论文，南京大学，2015年。

支庭荣：《从新媒体版图看新闻网站上市》，《新闻与写作》2010年第11期。

钟晶晶：《网络新闻内容生产研究》，博士学位论文，安徽大学，2007年。

周呈思：《微博时代政经报道的新闻生产拓新》，《当代传播》

2012年第3期。

周劲：《转型期中国传媒制度变迁的经济学分析——以报业改革为案例》，《现代传播》2005年第1期。

周亭：《"反常性"与"惯例化"——从新闻生产社会学的角度解读两个新闻事件》，《现代传播》2014年第6期。

周雪光：《权威体制与有效治理:当代中国国家治理的制度逻辑》，《开放时代》2011年第10期。

祝兴平：《大数据与经济新闻生产方式的颠覆与重构》，《中国出版》2014年第4期。

四、国家鼓励文化产业上市的各类政策文件

《关于金融支持文化产业振兴和发展繁荣的指导意见》（银发〔2010〕94号）。

《关于大力支持小微文化企业发展的实施意见》（文产发〔2014〕27号）。

《国务院关于推进文化创意和设计服务与相关产业融合发展的若干意见》（国发〔2014〕10号）。

《国务院办公厅关于印发文化体制改革中经营性文化事业单位转制为企业和进一步支持文化企业发展两个规定的通知》（国办发〔2014〕15号）。

附　录

一、荆楚网十获中国新闻奖历程

2006年　网络专题《中部崛起》获第十六届中国新闻奖二等奖

2008年　网络评论《谁代表网民给小慧的后妈道歉》获第十八届中国新闻奖一等奖

2009年　网络评论《石首事件的学费要交得值》获第十九届中国新闻奖二等奖

2011年　网络专题《信义兄弟 接力送薪》获第二十一届中国新闻奖三等奖

2011年　网页设计《跨越——宜万铁路通车》获第二十一届中国新闻奖三等奖

2012年　网络评论《"8毛钱"拷问媒体的"医德"》获第二十二届中国新闻三等奖

2013年　网络专题《41名华农大学生贵州深山十年不熄的支教火把》获第二十三届中国新闻奖二等奖

2015年　新闻漫画《APEC漫画版"新中装"合影》获第二十五届中国新闻奖一等奖

2015年　新闻名专栏《XYZ新闻三剑客》获第二十五届中国新闻奖一等奖

2015年　网页设计《千湖新记》获第二十五届中国新闻奖二等奖

二、荆楚网上市后发展情况调查问卷

尊敬的女士/先生：

您好！

感谢您参加此次问卷调查。本问卷是《媒体融合背景下荆楚网上市现象研究》课题研究的组成部分，其目的是了解荆楚网上市后的发展情况。此次调查为匿名调查，不用填写姓名，答案也没有正确错误之分，请您根据自己的实际情况填写问卷。

填写问卷时，请您务必根据要求作答，请特别注意每道题目后的说明，除标明"可多选""请按照标准排序"等要求外，其余均为单选题或开放性的填写题。

全卷回答可能会耽误您5分钟左右的时间，答案的真实性将直接影响到本研究的客观性，作为科学研究，我们承诺对问卷内容进行规范性的分析和使用，不会透露您的任何隐私。

衷心感谢您的参与，希望在您的支持下，本研究成果亦能反哺于实践。

课题组

2015年1月30日

1. 您的性别：

A. 男   B. 女

2. 您的年龄：

A. 25岁以下   B. 26—30   C. 31—35   D. 36—44

E. 45岁以上

3. 您所获得的教育程度：

A. 大专以下　　　B. 大专　　　　C. 本科　　　　D. 硕士

E. 博士及以上

4. 您的专业：

A. 新闻传播类　　B. 非新闻传播类

5. 您的身份：

A. 事业编制　　　B. 集团聘用　　C. 新媒体中心聘用

D. 分公司聘用

6. 您目前的职位是：

A. 普通员工　　　B. 部门副主任

C. 部门主任　　　D. 子公司总经理助理及以上

7. 荆楚网上市前 您所在的部门是：_____

8. 您现在所在的部门是：_____

（如您所在的部门是新闻采编部门，请继续回答9—25题；如不是，请跳转至16题，回答16—25题。）

以下部分为跳转题，仅采编人员回答：_____

9. 您是否有记者证？

A. 有　　　　　　B. 没有

10. 荆楚网上市对新闻采编业务的主要影响有（可多选）：

A 媒体知名度更高了

B 邀请我们采访的单位越来越多了

C 工作量比原来多了很多

D 新闻采编与经营业务能剥离开来

E 对新闻生产的专业性要求更高

F 新闻采编还得考虑上市公司的收益问题

G 公司对新闻采编越来越重视

11. 荆楚网最常见的撤稿原因是

A. 管理规定　　B. 经济利益

C. 舆论压力　　D. 个人关系

12. 目前，荆楚网新闻生产的主要方式按照使用频率依次是（请按使用频率排序）：

A. 转载　　　　B. 原创　　　C. 用户产生

D. 整合　　　　E. 通稿/关系稿

13. 目前，荆楚网新闻生产更关注的内容重要程度依次为（请按重要程度排序）：

A.主题宣传　　B.舆论监督

C.信息服务　　D.舆论热点

14. 你认为评价一篇网络新闻作品质量高低的标准是（可多选）

A.宣传导向是否正确

B.社交媒体转载量

C.同行引用情况

D.网民讨论热度

E.推动事件的实际处置

F.获得专业奖项

G.主管部门评价

H.其他媒体跟进报道

15. 荆楚网上市后，对新闻生产的资金投入

A. 加大了　　　B. 没变化　　C. 减少了　　D. 不知道

此处跳转题结束

16. 荆楚网目前的核心竞争力表现在（可多选）：

A. 政策资源

B. 新闻原创生产能力

C. 湖报集团的公信力

D. 新闻网站资质

E. 品牌栏目或产品

F. 自主知识产权的科技创新

G. 没有

17. 您认为荆楚网成为省级新闻网站中第一家上市公司的原因是（可多选）：

A. 业内影响力

B. 湖报集团多年探索资本市场的经验

C. 庆祝《湖北日报》创刊65周年

D. 新三板更符合荆楚网公司定位

E. 现任领导的强力推动

18. 您了解到荆楚网目前的主要盈利模式有（可多选）：

A. 广告

B. 活动策划

C. 政府拨款

D. 集团注资

E. 资本运作

19. 与同行相比，您认为荆楚网目前具有竞争力的产品是（可多选）：

A. 原创新闻

B. 互动评论

C. 专题策划

D. 楚天神码

E. 楚天尚漫

F. 舆情服务

G. 湖北手机报

20. 您对荆楚网新闻专业人才现状的评价是？（在空格处打√）

	更好	差不多	差远了
与商业网站比			
与其他新闻网站比			
与传统媒体比			
与荆楚网过去比			

21. 上市后，你觉得自己是否适应工作岗位的要求：

A. 完全胜任，上市更能让我发挥自己的能力

B. 勉强胜任，必须边工作边学习

C. 难以胜任，对我们的要求超出了我们的能力

D. 和上市前一样，没什么变化

22. 荆楚网上市对您个人的影响表现在（可多选）：

A. 我外出工作时更有面子了

B. 上市后干劲儿更足了

C. 我更想留在这工作了

D. 考核制度更合理了

E. 工作岗位对我的要求更高了

F. 组织分工更明晰了

G. 职业发展空间更大了

23. 上市后，您最担心的是：

A. 能力不足被解聘

B. 公司经营不善业绩不好

C. 岗位的流动性过于频繁

D. 公司发展与新闻网站的定位越来越远

E. 传统媒体人才涌入加剧了竞争

F. 工作量增大

24. 上市后，你认为荆楚网发展应该更注重（请按选项的重要性排序）：

A. 开拓非新闻的产业领域

B. 高端专业人才的引进

C. 对现有员工的培训与激励

D. 把新闻生产作为核心竞争力

E. 抓住国家鼓励媒体融合发展的战略机遇

F. 企业自身的管理创新

25. 你对中国新闻网站上市现象的评价（可多选）：

A. 传统媒体与新兴媒体融合发展的必然趋势

B. 资本市场未必能满足新闻宣传的要求

C. 上市只会让新闻网站越来越偏离新闻生产

D. 钱的问题解决了，话语权的问题也就迎刃而解

E. 上市不过是个概念，解决不了新闻网站的发展问题

F. 会改变新闻网站的市场竞争力，发展会越来越好

非常感谢，您完成了这份调查问卷！

您是否有一些我们未在问卷中列出的观点需要表达。如果有，请把它们写在下面的空间里，我们会通过其他的调查方式将您关心的问题反映到最后的研究成果中。

三、问卷调查中的主观题答案

问卷编号	回答内容
3	媒体融合发展势在必行，资本运作也要大刀阔斧。
7	我觉得都挺好的。
16	新员工入职是否还是以关系为主？员工晋升通道是否多样化？员工晋升是否能真正公平公正？
18	机关作风、国企积弊如何破除，是报业办网最大的挑战。如果敢唯业绩论，网站会有大批人无法生存下去。
19	新媒体发展，特别是网络传媒载体的包容性，决定了网站发展必须多方位多角度。目前我们还是在用图文的形式表现非娱乐性的新闻内容，视频节目和音频电台这两个领域我们并没有拓展开，甚至还未触及。影响那些在将来可能有影响力的人，将这个理念灌注到视频节目和音频节目的骨髓里，把属于荆楚网自身的品牌网络节目做出来。
36	国家改革的职务与级别脱钩的方式，即使职务没有上去，资历和级别也可以继续上升，这一点也应体现到企业中来。
49	问卷里有很多"绝对"的选项，个人认为并不适合现在快速发展的媒体发展环境！
52	提升荆楚网新闻原创力、创新性，向报纸学习，记者应该每周报原创选题，而不是堆积稿子数量。多做新闻策划报道才能带动经营。新闻网站在产品和终端欠缺的情况下，新闻生产仍是主要经营生产力，党政公益部员工脱离新闻生产的情况下，如何产生经济效益，是一个问题。
56	荆楚网的党媒属性一方面给荆楚网带来了机会和资源，另一方面也阻碍了网站的商业属性，商业化程度严重不足，具体表现在商业经营性质的频道运营与主流网站比差距巨大；另外，荆楚网络不能算新媒体，荆楚网络的移动端建设需要抓紧时间加强开发。如果不能整体开发，可以考虑从经营性频道的移动端开发入手。
70	考虑制度希望相对公平。

问卷编号	回答内容
71	加强员工对外交流和培训,多以实战化方式参与资本市场竞合; 以多层次方式形成与投融资、研发、传媒业界的互动与合作; 培育内部的团队孵化制度及配套激励机制。
72	薪资考核制度向商业网站靠齐,根据集团制度和个人情况,辅以人性化措施,制定合理的考核制度,最大化激励员工积极性。同时,加大人才的培养和引进。
79	既然已经上市,希望公司发展、管理制度和产品更贴近市场,贴近用户。
96	员工,是公司最重要的一部分。荆楚网招聘进来的员工多是经过层层选拔,有才气的一群人,现在这群人并没有发挥出自己的能力,原因有一方面是,都淹没在大量的搬运过程中。建议提升技术支持,让员工少搬运,多做发挥创意才智,这样公司付出的人力成本,才会有更大的回报与收益。
102	希望荆楚网能做到将合适的人放到合适的岗位上,多听下基础员工的想法,多给一些自主发挥的空间,多一点员工感兴趣的培训,考核机制再细化点、更合理一点。
105	上市仅部分解决资金问题,但新闻网站的核心竞争力仍是内容。在网络大量转载的背景下,做出与别人不一样的原创内容难能可贵,除了引进人才之外,优化公司文化、管理水平和理念更为重要。
116	1:对于集团业务发展的模块化划分应该更加合理;集团的资源调动和配合应该更加高效、合理,避免出现资源不统一,调动不协调的情况出现,加大内耗的发生; 2:通过多种方法提升员工的劳动积极性,由被动工作变为主动工作; 3:充分发挥党媒的优势,能更多地得到政府的各种奖项和资金的奖励和扶持; 4:为员工提供更多的交流和学习的机会,让愿意提升的员工快速得到锻炼和学习; 5:丰富员工的业余生活,尤其是体育活动。一个热爱生活的人才能更加热爱他(她)的工作,身体的健康是工作的基础。

195

附录

问卷编号	回答内容
121	我希望企业上市之后，更注重人才的培养和制度的健全，我认为这是基石。
140	希望早日出台各部门、中心、子公司责权利相适应的工作机制，并严格落实执行。
143	新媒体集团具备核心竞争力的产品太少，难以满足广告主和网民的投放以及阅读需求。 互联网时代，通过什么样的产品传播党的声音是个难题！以前，传统媒体办重点新闻网站，经营和影响力有限。如今，虽然好转很多，依然有限，需要破题，需要推出老百姓喜闻乐见的产品，找寻新的传播方法，改变传播手段，进行技术和理念革命。媒体融合才有出路，才会发展。
153	上市只是一个起点，个人认为以后在考核机制、激励机制、奖惩机制需要更加透明公开公正，在晋升方面应该给年轻人更多的空间，只有机制合理，才能留住人才，提高员工积极性，才能上下一心，扬帆前行。
171	采访更辐射荆楚大地，新闻更多关注武汉地区外，在17个市州争取都设立驻点记者。
173	进一步优化绩效考核制度，让多劳多得，避免一刀切。
177	跨越式发展也需要循步渐进；跨领域拓展也需要因地制宜；不要盲目追求企业规模，严格控制资产管理。
198	1.信息中介正随着技术发展逐渐消除，通过信息吸引用户同时，必须考虑通过功能获取用户。 2.渠道越来越多，广告由品牌广告向效果广告转移，传统广告业务面临越来越大挑战，向客户要广告费同时，必须考虑向用户收费项目。 3.荆楚网所依托的体制内或者行业优势明显，在继续做门户同时，必须考虑在垂直领域O2O的细分挖掘，这个是未来。

失衡与再平衡——中国新闻网站上市现象研究

四、访谈对象信息列表

样本编号	访谈对象	工作身份	访谈时间	访谈时长	访谈地点	访谈人
1	余宽宏	湖北日报新媒体集团采访中心时政要闻部主任	2014.12.6	78分钟	武汉	邓为、肖珺
2	王淳	湖北日报新媒体集团采访中心总监	2014.12.30	21分钟	武汉	邓为
3	张剑	湖北日报新媒体集团副总编	2014.12.14	79分钟	武汉	邓为、肖珺
4	韦忠南	湖北日报新媒体集团副总经理	2014.12.23	103分钟	武汉	邓为、肖珺
5	康壮志	荆楚新闻网前总编辑	2015	94分钟	武汉	邓为、刘兵
6	阎思甜	湖北省政府网总编辑	2015	20分钟	武汉	邓为、刘兵
7	周婉华	荆楚网视觉中心员工	2015.7.31	10分钟	武汉	邓为、
8	张先国	新媒体集团总经理、总编辑	2015.8.11	110分钟	武汉	邓为、
9	陈莉霖	荆楚网编辑中心副主任、《东湖评论》负责人	2015.8.20	40分钟	武汉	邓为
11	余宽宏	湖北日报新媒体集团采访中心时政要闻部主任	2015.622	120分钟	武汉	邓为、刘洋

样本编号	访谈对象	工作身份	访谈时间	访谈时长	访谈地点	访谈人
12	张扬	湖北日报新媒体集团采访中心时政要闻部副主任	2015.6.22	120分钟	武汉	邓为、刘洋
13	裴斌	湖北日报新媒体集团采访中心时政要闻部记者	2015.6.22	120分钟	武汉	邓为、刘洋
14	张先国	新媒体集团总经理、总编辑	2015年9月29日	90分钟	武汉	邓为、肖珺

失衡与再平衡——中国新闻网站上市现象研究

五、荆楚网关于内容生产的部门

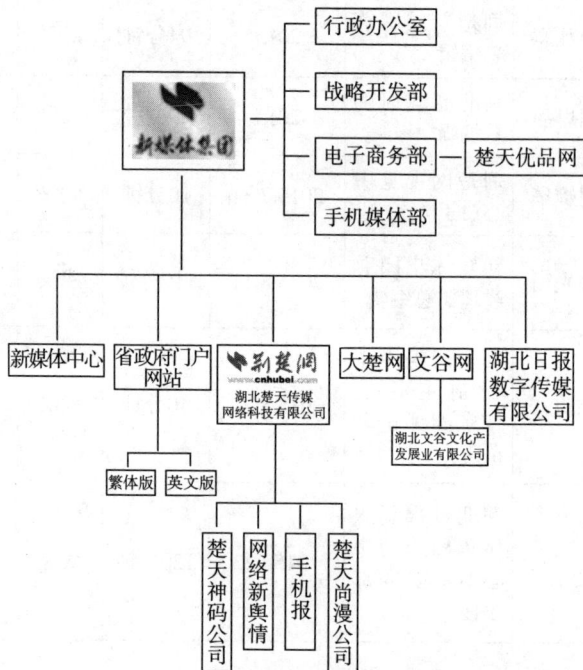

六、荆楚网建设发展大事记（2004—2015）

2004年2月，湖北省委宣传部举行部长办公会，专题研究湖北省新闻网站专家评审组的评审结果，决定由湖北日报报业集团主办省重点新闻网站。

2004年3月，湖北日报报业集团决定加大投入，从机制、体制上保证湖北省新闻网站重建成功。集团为此一次性面向社会招聘19名新闻采编人员。启动"全省新闻宣传统一上网工程"，计划用5年时间在荆楚网上建设50至70家县市级新闻网站（页）。

2004年4月，湖北省委宣传部向全省宣传战线发出《关于由湖北日报报业集团主办"荆楚网"的通知》，并报国务院新闻办公室。随后，国务院新闻办公室至函湖北省人民政府新闻办公室，同意荆楚网主办单位及网站名称变更。

2004年5月，改版后的荆楚网全新推出，荆楚网访问量一路攀升。

2004年6月，荆楚网出台《荆楚网增值服务项目商业计划书》，总经理阎思甜随湖北团参加鄂港经贸洽谈会发布招商引资信息。湖北日报报业集团与湖南日报报业集团推出"记者换位看湘鄂"大型采访活动，荆楚网首次派出记者参与全程报道，并推出同名网络新闻专题。

2004年7月，召开第一届股东及董事会第二次会议。无线增值业务正式投入运营，享有中国电信、中国移动、中国联通的特服号，启动了一批有自主知识产权的短信业务。杨丽萍访问武汉，荆楚网以"心灵的舞蹈"为题，制作了首期嘉宾访谈。

2004年8月，开通湖北省首个精神文明创建的网络平台荆楚文明网。

2004年9月，荆楚网借在鄂举行"国际人口发展论坛"之机，推出英文频道，使荆楚网成为全球用户了解湖北的重要平台。

2004年10月，荆楚网正式承办了第一次省政府新闻发布会网上发布活动。参与"聚焦中部话崛起"跨省联合采访，派出4名记者行程1万多公里，历时近两月，采写文字及图片新闻100多篇。

2004年12月，启动"张之洞督鄂115周年"报道专题，并推出荆楚网首位视频记者。荆楚网电子商务中心筹建，开始"捷印网"项目运作。开通IPAY网银支付，实现真正电子上网流程与实体销售模式的结合。数字武汉频道开通，构建了互联网上信息量大、数据准确的武汉电子地图，丰富了荆楚网资讯呈现类型。至12月31日，荆楚网日访问量突破750万人次，在Alexa全球网站排名中跻身前1500位，在年初基础上赶超了4300多位，在全国省级重点网站中位居第8。

2005年1月，湖北省"两会"期间，10位省人大代表、政协委员赴荆楚网，就中部崛起、武汉城市圈等话题参与访谈节目，受到广大网民关注，开创了湖北日报报业集团两会报道新形式。电子商务中心正式挂牌，荆楚捷印频道开通，建构起首条全部商业流程为荆楚网掌控的电子商务系统。

2005年2月，借助《楚天都市报》"家园"房地产专刊的强势品牌，正式对外推出荆楚网房产频道。

2005年3月，开始组建新闻评论队伍，制定相关管理制度，定期上报舆情，清理版主队伍，重点打造"和谐湖北""中部崛起""东湖时评""社会传真"等品牌栏目，开始步入快速发展期。

2005年4月，召开第一届股东及董事会第三次会议。建成武汉足球队官方网站。荆楚网首次正式涉足WAP业务，"荆楚新闻"正式在湖北联通上线，为湖北CDMA用户提供最权威的新闻资讯产品。荆楚网VI（企业视觉识别系统）正式启动，荆楚网对外形象展示宣传有了统一规范。

2005年5月，荆楚网作为独立媒体，参与香港湖北周报道，受到省委省政府领导和省委宣传部的高度肯定。荆楚网与广告总公司合力启动"楚天招聘网"，目前成为武汉地区信息发布最及时的招聘行业综合发布平台。

2005年6月，召开第一届股东及董事会第四次会议，审议并通过《关于公司经营湖北省内连锁网吧的议案）。

2005年7月，荆楚网受邀参加新疆维吾尔自治区成立50周年、西藏自治区成立40周年大型网络采访活动。

2005年8月，召开第一届股东及董事会第五次会议，修改公司章程中有关注册资本的部分条款，注册资本由500万元增至1000万元。荆楚网与楚天都市报联手举办短信互动活动"有奖读报"，此举标志着荆楚网无线增值业务的媒体互动活动正式推出。东湖社区和黄石电视台首次合作，实现了网络与电视同步直播。薪酬体制改革，个人收入分为岗位工资和绩效工资两大块，实行以岗定薪、以绩定奖、岗位管理。

2005年9月，荆楚网注册资本增加500万元，经湖北省工商局变更，注册资本为1000万元。

2005年10月，建成网络音视频直播系统，与湖北省电影公司签订战略合作伙伴协议。东湖社区组织大型辩论，探讨中部发展问题，引起广泛关注，并被《河南日报》作整版报道。

2005年11月，荆楚网获得湖北省文化厅批准的连锁网吧筹建许可。东湖社区举办"可乐东湖"大型网友聚会，10位版主和贵宾被荆楚网授予年度荣誉称号。九江发生5.7级地震，湖北震感明显，荆楚网迅速出击，第一时间以图片、视频、文字等多种形式在网上呈现，成为网络上有关湖北地震的第一信息源，并被新浪等多家有影响力的网络媒体转载。

2005年12月，与英国广播公司BBC合作，在英语频道开设网上英语教学频道。完成大型专题中英文专题《张之洞督鄂115周年》的采访与后期制作，该专题为目前网上规模最大、资料最全，形式最丰富的张之洞专题。

2006年1月，召开第一届股东及董事会第六次会议，审议并通过"楚天无线"及连锁网吧实施规划草案。湖北省"两会"期间，荆楚网首次作为独立媒体大规模参与报道，首次对"两会"进行了视频直播，省政协专门发函表示感谢。与《湖北日报》合作，在报纸上开设"荆楚网谈"专栏，启用东湖博客。正式开通移动WAP业务，移动IVR新闻主播业务正式上线。

2006年2月，中国新闻奖首次增加网络新闻评选，中国记协决定首次中国新闻奖（网络新闻）复评交由荆楚网承办。楚天广告总公司网络广告业务部正式成立，开始全面介入荆楚网广告业务。开通电信IVR欢乐听吧业务。

2006年3月，由荆楚网主办的湖北省首家第五媒体"楚天无线"揭牌，同时"湖北手机报WAP版"正式推出。联合《湖北日报》《楚天都市报》《楚天金报》以及湖北人民广播台等省内主流媒体打造湖北省网上最大的维权平台，半月时间为群众解决了300多起"积案"。新建汽车频道。

2006年4月，荆楚网承办第七届湖北网络新闻奖的评选活动，中国记协派员指导。荆楚网获得武汉市文化局连锁网吧筹建工作批复的落户批文。荆楚网首家门店——"荆楚冲印"营业，为电子商务与传统商务模式融合提供线下支撑。

2006年5月，中国新闻奖（网络新闻）复评在东湖宾馆成功举行。荆楚网"湖北手机报彩信版"业务在湖北移动正式上线。

2008年10月，中央文化体制改革督查组一行，在中共中央宣传部副部长、中央文化体制改革领导小组办公室主任欧阳坚的率领下参观视察荆楚网。湖北省委常委、宣传部部长李春明陪同视察。

2009年，荆楚网网络评论《石首事件的学费要交得值》荣获中国新闻奖二等奖；专题《湖北工会第十一届代表大会》获"湖北五一新闻奖"二等奖；在湖北省第二批深入学习实践科学发展观活动宣传工作会议中，荆楚网新闻专题《科学发展在湖北》及网络访谈《湖北省长李鸿忠网上畅谈科学发展》两件作品获得"优秀新闻作品奖"；荣获全国"最受欢迎的党报党刊网站"称号。

2010年，荆楚网获评"中国最具品牌价值网络媒体"，东湖评论频道被评为"2009年度中国互联网品牌栏目"，荆楚网获评湖北省"五一"劳动奖状和全省职工职业道德建设先进集体；成功举办第二届3G高峰论坛。

2011年，荆楚网被评为全国"最受欢迎的党报党刊网站"，"热点网谈"栏目荣膺"湖北省互联网站十大品牌栏目"，4件新闻作品分获中国新闻奖和中国人大新闻奖。

2012年，荆楚网被评为"2011—2012年中国最具品牌价值新闻网站"，1件新闻作品获中国新闻奖三等奖；《网络新舆情》发行量突破5000份。

2013年，成立楚天神码公司、楚天尚漫公司、楚天云图航拍中心，提供无人机航拍业务。

2013年5月，荆楚网首次以全媒体形式直播"沌阳高架桥拆除爆破"，是全国地方新闻网站中首家完成全媒体直播的网站；1件作品获得中国新闻奖二等奖。

2013年8月，新《湖北手机报》、楚天优品网正式上线。

2014年4月，由荆楚网发起的长江沿线8省2市的11家全国重点新闻网站组成的"江海联盟"在武汉成立。举办为期两天的新媒体产品推介会，荆楚网、湖北手机报、楚天尚漫、楚天神码、大数据服务、楚天电商等14种新媒体产品通过手机、iPad、电子阅报栏、超大电子屏等多种呈现形式，向2000多位来宾展示了荆楚网的蓬勃发展态势，现场签约合同金额1125万元。

2014年5月，荆楚网策划发起"引江济汉徒步行"活动，组织20名资深驴友，徒步走完67公里引江济汉工程干渠，并以微博等形式宣传重大工程。

2014年6月，联合河南大河网、河北新闻网、北京千龙网，发起"南水北调中线行"大型全媒体采访活动，以互联网独特的方式记录南水北调中线调水这一伟大事件。

2014年7月1日，湖北荆楚网络科技股份有限公司在全国中小企业股份转让系统（即新三板）正式挂牌，证券代码：830836。

2014年8月，荆楚网与烽火通信科技股份有限公司签订《大数据战略合作协议》，双方将在传媒大数据平台设计、大数据技术解决方案、软件开发、项目推广等方面展开全方位合作；利用北斗卫星导航系统，"神码"开发出电动车专用的防盗追踪仪。

2014年8月28日，楚天尚漫创作的《党群系列漫画》在武汉历史革命博物馆公开展览，10万人次观展。

2014年10月，湖北手机报推出全新闻客户端——"动向"新闻客户端。

2014年12月3日，由荆楚网设计研发的一种二维码的加密与解码方法获得国家专利，这也是湖北省首次在二维码科技应用领域获得国家专利。同日，楚天神码客户端下载量破百万。

2015年1月，荆楚网首次通过全媒体形式直播"湖北两会"，通过第五版超语言文本技术将政府工作报告开发成手机版，当天获得1.6万个赞。整个两会期间，新媒体平台各种互动活动点击量超过500万人次。

2015年1月，荆楚网首发"信义夫妻"报道，成为全国又一重大人物典型。

2015年3月，在国信办《网络传播》杂志发布的"两会"报道传播力排行榜中，荆楚网在省级地方新闻网站中位居前列，其中原创新闻位居第二。

2015年3月15日，人民日报社《新闻战线》杂志刊发《地方重点新闻网站的突围之路》。

2015年6月，"东方之星"沉船事故报道中，荆楚网全网首发的《高清航拍："东方之星"客船翻沉事故救援现场》被200多家网站转载，互联网点击率超过1.1亿人次。

2015年7月9日，荆楚网旗下专营海外商品的电商网站洋货购正式上线进入测试运营阶段。

2015年8月14日，荆楚网将"抗战口证大抢救"史料捐赠给湖北省博物馆。

2015年8月19日，荆楚网将"抗战口证大抢救"史料捐赠给中国人民抗日战争纪念馆，并获得捐赠证书。

2015年9月，中央网络安全和信息化领导小组办公室、国家互联网信息办公室《网信动态》刊发《湖北日报发力移动互联网推动媒体融合发展》，介绍了湖北日报在移动互联网新闻产品的探索和经验。

2015年9月，第25届中国新闻奖评选结果公示，荆楚网新闻动漫专栏《新闻三剑客》、单幅新闻动漫《APEC漫画版"新中装"合影》获一等奖，新闻专题《千湖新记》获二等奖，是获奖数量最多、奖项等次最高的地方新闻网站。

2015年10月，《中国记者》杂志刊发《创新体制机制推动媒体内部创业》，介绍荆楚网在创新创业方面的探索和经验。

2015年10月29日，荆楚网通过全国高新技术企业认定。

后 记

　　2012至2016年，我到武汉大学新闻与传播学院在职攻读新闻学专业博士学位，师从秦志希老师。本书改编于我的博士论文《失衡与再平衡：市场化背景下荆楚网的新闻生产》，以此纪念这珞珈山上的珍贵四年。

　　正如所有职后读书的白发学生一样，我一直在纠结：人到中年，重返校园，花钱受累，意义何在？

　　正如本书的书名一样，四年来，我不断在各种自我否定中一次次重拾信心，虽心有余而力不足，但总算体会了读与思的乐趣；四年来，我不断在各种身份失衡、时间失衡、身心失衡中一次次试图再平衡，虽资质平平建树无多，但总算收获了身与心的充实。

　　感谢导师秦志希教授，感谢石义彬教授、单波教授、强月新教授，感谢武汉大学新闻与传播学院所有老师的宽厚与宽容。四年来，你们一遍遍地否定、修改、再否定，鼓励我这个学渣不断挑战心智的极限。在人生过半时候，还有机缘得到这么多大学者的倾心相授，真是我的福气。

　　感谢我的同学、同事和朋友们，肖珺、张先国、姜可雨、赵乐乐、姚洪磊、刘义昆、何志平、刘兵、刘洋、余宽宏、陈雨、黄思学……四年来，你们不但忍受了我的不断吐槽，而且默默提供了无数帮助。因无数个共同话题、无数次共同讨论、无数次共同思考而形成的这本小书，凝聚着我一生珍惜的友谊。

感谢家人的支持，也感谢自己的坚持。四年来，我面对了一个中年人必须面对的一切。妈妈的久病离世，儿子的成长烦恼，工作的繁重忙碌、学习的力不从心，欣慰的是，我都没有缺席、没有逃避、没有遗憾。

谁谓河广，一苇可航。这四年，逼着自己读书，逼着自己想问题，逼着自己去挑战困难的事情。正是在这个过程中，我慢慢学会了与自己和解，渐渐摒弃了虚荣焦虑，开始变得自信踏实，从容享受阅读和思考、更加重视亲情和健康、平静地接受生活安排的一切。

这些，已经足够有意义。

邓 为

2016年10月29日于武汉

失衡与再平衡——中国新闻网站上市现象研究

责任编辑:卓 然 刘志江
封面设计:孙文君
责任校对:吕 飞

图书在版编目(CIP)数据

失衡与再平衡:中国新闻网站上市现象研究/邓为 著. —
北京:人民出版社,2017.5
ISBN 978 - 7 - 01 - 017230 - 9

Ⅰ.①失… Ⅱ.①邓… Ⅲ.①新闻-网站-上市-研究-中国
Ⅳ.①G206.2

中国版本图书馆 CIP 数据核字(2017)第 005414 号

失衡与再平衡——中国新闻网站上市现象研究
SHIHENG YU ZAIPINGHENG
ZHONGGUO XINWEN WANGZHAN SHANGSHI XIANXIANG YANJIU

邓 为 著

人民出版社 出版发行
(100706 北京市东城区隆福寺街 99 号)

北京汇林印务有限公司印刷 新华书店经销

2017 年 5 月第 1 版 2017 年 5 月北京第 1 次印刷
开本:710 毫米×1000 毫米 1/16 印张:13.75
字数:155 千字

ISBN 978 - 7 - 01 - 017230 - 9 定价:32.00 元

邮购地址 100706 北京市东城区隆福寺街 99 号
人民东方图书销售中心 电话 (010)65250042 65289539